「学びあいの授業」実践史

大正・昭和前期の遺産

豊田ひさき

風媒社

はじめに

　なぜ小・中・高等学校の教師の問いだけを「発問」というのか。自動車学校や料理教室の先生の問いは「発問」とはいわない。筆者は、母校の助手を出発点に大学教員になって以来、約半世紀にわたってこの問題にこだわり続けてきた。

　教授学において古来西洋でも「発問は（教授）術中の術」ととらえられ、「発問がかわれば授業もかわる」といわれてきた。ソクラテスは、学習者に「無知の知」を自覚させることが教える仕事と主張した。中国の『礼記』には、教えるとは、学習者がまず問いを持ち、それを待って、それに合わせて師が教えていくこと、と記されている。

　近代初等学校の教員養成に尽力したドイツのディンターは、今から200年以上も前に、教師は「既成の知識を伝達し子どもはそれを受容・暗記していく旧い授業法から、子どもにとって教師は共に真理を探究していく友達と映るような新しい授業法」への転換を訴えた。

　20世紀に入ると、「教師中心から子ども中心へ」と教育のコペルニクス的転換を叫んだデューイは、子どもに「問題の自己提起能力」を身に付けさせるためには「為すことによって学ぶ」授業が必要と主張した。

　そして現在、わが国の小学校では、新学習指導要領が2017年に改定され2020年4月から本格実施に移された。文部科学省は、新学習指導要領改訂に際し、「主体的・対話的で深い学び」の授業改革を要請した。これに関して、この授業改革は何もことさら新しいことではない。わが国には優れた授業研究の遺産がある、それを若い教師に継承させていくことが大事、と助言している。

　ところで、わが国の優れた授業研究の遺産という場合、その遺産とは何か、この点を詳らかにした研究は、管見の限りまだあまりない。別言すれば、「発問がかわれば授業もかわる」ということを実際の授業、それも最低1授業時間、1単元全体の授業で以って、さらには多くの教科にわたって実証していく体系的な研究はあまり見当たらない。

この実情を何とか打開したい、わが国の授業改革に微力ながら役立つ仕事ができないか、と気がかりになっていた時、新指導要領改訂が公示された。わが国に於ける「主体的・対話的で深い学び」に係る授業改革のルーツを掘り起こし・分析する仕事に真正面から取り組むのは今だ、と筆者は思い立った。

　本書では、時代を大正期と昭和前期（1900年頃から1945年まで）に限って可能なかぎり現場の授業実践を収集・分析・整理することに務めた。今回試みた考察は、わが国の優れた授業研究遺産のほんの一端に過ぎないが、予想外の収穫があった。読者への誘いとして、以下のような構成とした。

　プロローグでは、1770年代中頃、ドイツの啓蒙君主が創設した民衆学校での授業の1コマを取り上げ、今日にも通用する授業が実際に行われていたことを紹介した。

　第Ⅰ章では、大正自由教育期に花開く授業改革の前提情況となる「子どもは学ぶ主体・問う主体」という授業言説は、現場実践家も加わってすでに明治30年代（20世紀に入って）から本格的に議論されていたことを明らかにした。

　第Ⅱ章では、大正期に入るとグローバルな新教育運動の影響も受けて、わが国では学校現場教師による「子どもから」の授業改革が盛んになり、全国津々浦々から数限りない授業記録が報告されるようになる。それら授業記録のいくつかを精密に分析した。その結果、この時期、教師が実践主体になり、子どもが学習主体になる授業が創りだされる兆しがあったことが実証できた。

　第Ⅲでは、作問中心の算術授業を例に、教師が、子どもに寄り添いながら教育の内容、さらには教育の目標改革まで成し遂げる実践主体になれば、子どもの学びも主体的になる、という授業改革が実践されていたことを明らかにした。

　第Ⅳでは、学校現場教師による授業改革、教科書改革の声を文部省が真摯に受け止めて国定教科書『尋常小学算術』が新しく編纂され、その編纂過程には学校現場教師も参画した事実と、『読本』の教科書編纂に際して教材を広く全国訓導に公募した結果誕生したのが「稲むらの火」であることを突き

止めた。これらの作業を通して、戦前の学校教師は、上からの縛りでせいぜい授業方法次元の改革しかできなかったという定説を破る事実。即ち、教育方法の改革⇒教育内容の改革⇒教育目標の改革というボトムアップの授業改革が、細やかではあるが算術と読本で生じていた事実を明らかにした。

第Ⅴ章では、地方の小学校でも、国定教科書を超える算術の授業や身の回りの社会を批判的に観察する眼を鍛える綴方の授業をし、自由研究の時間をカリキュラムに組み込む校長がいたことに言及した。

本書のタイトルを『「学びあいの授業」実践史』とした根拠は、「学びあいの授業」とは、授業で子ども同士が対話によって学びあうだけでなく、授業が本来の意味で主体的・対話的なものになるならば、小学校低学年の子どもからさえも教師は学ぶことができる、という意味での「学びあい」を含んでいる。このような子ども同士、そして教師も含めての「学びあいの授業」、すなわち「深い学び」の授業がすでに大正・昭和前期の授業実践の中に観られる事実を、明らかにしたかったからである。

日々子どもの成長を願って授業実践に取り組んでおられる先生方、これから教職を目指す学生さん、さらには「今の教育、何か大事なことを忘れているのではないか」と危惧されている方々にぜひお読み頂きたい。

一体教師は、どんな授業をすればよいのか、先達はいかなる努力をしてきたのか、と一旦立ち止まって反省する手立てとして、本書が若干なりともお役に立つことができれば望外の幸せである。

本書を書き上げるにあたって、ここ2年間執筆に専念できる時間を配慮して下さった朝日大学教職課程センターの同僚の皆さんに感謝したい。それにこの出版事情の厳しい中、またまた拙著を刊行して下さった風媒社、とりわけ劉永昇編集長に衷心よりお礼申し上げる。

2020年5月15日　新型コロナ感染防止緊急事態宣言が解除された日に

「学びあいの授業」実践史
—大正・昭和前期の遺産—

●

目次

ザルツマンの授業

(L はゲストティーチーのザルツマン、K1 などは子ども。村の単級学校で
学ぶ算術の授業)

L：皆さん、ちょっと考えてみてください。みなさんは、全部で 30 人
　　ですね。私はリンゴを 45 個持っています。これを全部みなさんにさ
　　し上げます。みんなに同じずつ分けたいのですが、1 人当たりいくつ
　　のリンゴになるでしょう？

　　(後ろの隅に座っている子がウフフと笑ったので)

L：どうして、あなたは笑うの？

K1：だって簡単だもの。まず 1 人に 1 個ずつ与えるでしょう。そうする
　　　とまだ 15 個残っているでしょう。それを、今度は半分に切ってみ
　　　んなに分ければいいよ。

L：そう、あなたはよく考えたね（とほめる）。

　　(しかし、最前列に座っていた小さなアンナは承知しなかった。その子に名
　　指すと)

K2：それではダメです。

L：どうして？

K2：だって、私たちの先生と奥さんと 3 人の子どもにも分けてあげな
　　　きゃ。残りを全部先生の家族にあげたら、それでちょうどみんな無
　　　くなるよ。

　　そこに居合わせた担任のブルンス先生は、その子の頭を撫でながら
言った。

「アンナ、教授先生は、そんなつもりでおっしゃったのではないよ。さっ
き（K1）の答えでも、問題は正しく解けているでしょう。教授先生の手
には、もうリンゴは 1 つも残っていないよ。」[1]

なんとほほえましい授業であることか。「主体的・対話的で深い学び」の授業づくりが提唱されている今日のわが国の授業でも、アンナのような発言をする子どもがどれだけいるだろうか。そして、この種の発言を認める教師がどれだけいるか。算術の授業で、最初に答えた子どもは、座席の位置からして、おそらくこの（単級）学校で最も進んだ子どもと思われる。そして、アンナは一番年少の1年生であろう。

　実はこれは、ドイツの啓蒙君主ロヒョー（Rochow, F. E. 1734～1805）が、領地の農民子弟を教育するため、レカーンに無償の学校を創設した、その学校（Volksschule）での授業の1コマ。しかも、この授業をした先生は、ロヒョーの友人であり、デッソウに汎愛学舎を創った高名なザルツマン（Salzmann, C. G. 1744～1811）。ザルツマンが、レカーンの学校を訪問し、そこの教師ブルンス（Bruns, J. H. 1746～94）の授業を参観していて、自分も授業をしてみたくなり行った算術の授業。

　後ろで見ていた担任ブルンスは、わが殿の友人であるザルツマン教授に遠慮しつつも、アンナの頭をなでながら、学校の算数としてはまちがいであっても、彼女の考えも一旦受容し、自分の頭で考え、自分の意見を発表した彼女の勇気を認めている。ブルンス教師の人柄を彷彿とさせるエピソードと言えよう。

　ブルンスのようなスタンスで子どもたちに語りかけることができる授業こそ、教師が子どもに寄りそいながら、子どもと共にうなずきあい、学びあっていく対話的な授業ではないか。このような授業が、今から250年ほど前に実際にあった。しかも、その授業は、アンナの発言に象徴されるように、自分が思ったこと、感じたことを何でも言えるほど解放されたものであった。子どもたちが主体的に学びあう改善された問答法の授業＝開発的・発見的な問答法の授業であった。

　ブルンスは雇い主ロヒョウの教育論に憧れていた。彼が目指した授業は、決まりきった「正答」だけを取り上げていく教理問答（カテケーゼ）的な授業ではなかった。子ども各自が主体にたぐり寄せながら、みんなで考えあい、学びあっていく開発的・発見的（ゾクラテス）な問答法の授業であった。そうであったがために、学校算術的には誤りである小さなアンナの発言がブルンスによって認められたのである。

この時代は、まだ封建的な考え方が支配的で、一介の民衆学校（Volksschule）教師が畏れ多くも主君と親しく話ができることなどめったにあり得ない話。にもかかわらず、その殿の友人であるザルツマンの授業に恐縮しながらではあるが、異議を唱える形でアンナの発言も受け入れている。主君ロヒョーもザルツマンも共に啓蒙主義の教育家であったことが、このような状況を生じさせた1つの原因であると思われる。

　それともう1つは、農奴から解放されたばかりの農民の子どもに本物の学力をつけてやることを目指していたブルンスの人間教師としての子ども観と授業づくりの結果ではないか、と思われる。この学校では、子どもたちは何でも思ったこと、感じたこと、考えたことを言いあい・聴きあえるような学びの習慣がすでにある程度形成されている。

　ブルンスの授業は対話的であり、子どもは自分の考えを率直に表現できるようになっている。ブルンスが授業で扱うモノやコトはすべて、普段から子どもたち自身の生活に身近なもの（＝イメージしやすいもの）であるということが彼らに実感される形で授業が展開されていた。いわゆる「ソクラテス的な対話」――「普段着での対話」――が、なされていた[2]。算術の授業でも、子どもがイメージしやすいような身近なものを介して解いていくという方法が採られていた。参観していたザルツマンは、子どもたちの眼の輝きと学びあいへの集中を目の当たりにして、上述したような授業原則が直観できた。それで、この子どもたちに自分も授業がしてみたくなったものと思われる。

　ここから後は、筆者の推測だが、その後ロヒョーとザルツマンは、サロンでワインでも飲みながら、

　　ロヒョー：ザルツマン君、君は小さなアンナに1本取られたね。
　　ザルツマン：いや、殿、それもそうでしょうが、本当は、殿がお雇い
　　　　　　　になって教育されたブルンス教師の授業観・子ども観の質
　　　　　　　の高さには本当に驚かされたよ。
　　　　　　　……（後略）

といった会話がなされたのではなかろうか。

仮説的根拠

なぜ、筆者がこのような会話を想像するか、その理由は3つある。

ロヒョーの教育観

〇「子どもには、教わった事柄を鵜呑みにはせず自分で正しく考えてみ
　ることを教えなければならない。なぜなら考えないということは、道
　徳上よろしくないことだからである。」

これは、教理問答的な注入暗記の授業を止めよ、ということ。だから彼の
問答法は、教師によって予め決められた答えを子どもに言い当てさせ、それ
を足がかりに授業を展開していくためのものではない。たとえば、

　　教師が子どもたちに知っている事物の名を挙げさせることを求めた時
　に、ある子どもが最初に犬を挙げたと仮定しよう。その場合、教師はそ
　の子どもに次のように質問する。
　「君はどうして犬を知っているのですか？」
　「君は何によってそれが犬だとわかりましたか？」「犬には羽がはえてい
　ますか？　それとも毛がはえていますか？」「足は2本ですか、それとも
　4本ですか？」「犬には胴がありますか？」「眼はありますか？」「耳はど
　うですか？」…（中略）…「ごらんなさい、それらは全部犬の特徴なのです。
　こうした特徴によって犬だということが君にはわかったのです。」[3]（傍
　点──引用者）

この授業例では、まず子どもが知っているコトを言わせる。この場合、犬
だが、これは、子どもが教師の予定する「正答」を言い当てるのとはちがう。
ここではたまたまその子が「犬」を挙げたので、それに沿って授業が進んで
いった。これが、アヒルや羊であればまたちがった授業展開になったであろ
う。つまり、この授業の主導権は少し大げさに聞こえるかもしれないが子ど
もにも共有されている、という特徴を持っている。教師が一方的に進めてい
くspeak to の授業ではなく、教師と子どもが協働してつくり出すtalk with

の授業の要素を含んでいる、とさえ言える。

それともう1つは、それ以後の問によって、子どもに犬の特徴を挙げさせる。そして最後に、君が挙げたこれらの特徴を持っているのが「犬」だ、君は「犬」の特徴を全部自分の力で挙げたのだよ（＝教師のファシリテートに支えられてではあったが）。別言すれば、「犬」が「わかった」ということだよ——帰納的認識ができたのだよ——という事実を子どもに体感させている。ここまでの推測を可能にさせるくらいのtalk with の授業の兆候さえうかがえる。

ザルツマンの教育観

○ 親向けの本『蟹の書』(1780) の扉には次のような蟹の親子の会話がある。

> かにのおかあさんがその子に、「横にはうものではありませんよ。またわき腹をじめじめした岩にこすりつけてはいけませんよ。」といいました。
> 子どもは「そう教えてくださるおかあさんがまっすぐに歩いてみせてください。わたしはそれを見てその通りにします。」といいました。
> [イソップ物語より] [4]

○ 『珍袖蟻の書 別名教育者の合理的養成法についての忠告』(1806) には、教育事業に従事せんとする人（親や教師——引用者）が、何よりも先ず第一に遵奉しなくてはならぬ根本原則——教育者たる者は、自分の教え子の一切の過失や非行の因由をば、ことごとく自分自身の上にかえりみて求めなくてはならない。[5]

ブルンスと民衆学校

ブルンスの授業観は、次の2点にまとめられる。

○ 教師が教材をめぐっての思考活動に子どもたちを導きいれることができればできるほど、彼らを教育し彼らに影響を与えることができる。

○ 教えられたことが子どもに理解された時にのみ、授業は彼らの人格形成に役立つ、日常的なものは、子どもが、それが生活にとって重要であるということがわかったときに初めて学習される。

（前掲 Helmholz, S. 27）

それともう1つは、レカーンの学校の空間構造も忘れてはなるまい。当時の民衆学校は、ほとんどが単級学校で、1人の教師が家族と共にそこに住み込んで働いていた。つまり、先の授業に登場するアンナは、（自分の）授業が終わった後は、担任の（おそらくまだ学校には通っていない）3人の子どもとその奥さんと共に毎日遊んでいたにちがいない。ブルンスが上述のような方針で実際に授業をしているのであれば、算術の授業で学ぶことは、子どもたちにとって日常的で、生活にとって重要なものであるはず。とすれば、ザルツマンが言った「みんなに分けてあげる」という「みんな」の中には、アンナにしてみれば、教室にいる子どもだけでなく、いつも遊んでいる担任の子どもと奥さんが入って当然であろう。これが、彼女にとってはK1の「正答」よりも日常的な真理ではなかろうか。

このような解釈が許されるなら、この意見を発言したアンナの頭をなでたブルンスは、彼女がザルツマンに異議を申し立てて発言した勇気はもちろん、わが家族も「みんな」の中に含めてくれているアンナの心情に「ありがとう」という何かほっこりとした感謝の気持ちも含まれていたのではないか。筆者は、これが彼の本音ではなかったかと想像したくなる——これは、半世紀ほどの長きにわたって無数の学校現場の先生方と授業づくりの実践的研究をするなかで、筆者が学ばせてもらった経験智である。

東井義雄の教育フィロソフィ

この経験智を証明する例を1つだけ挙げておこう。それは、東井義雄（1921～1992）の次のような告白である。最初のザルツマンの授業と比べてみてほしい。

　　一般の通念からいうと、教師というものは、子どもにものごとを教えるもの、子どものまちがいを正してやるもの、ということになっていると思う。しかし、子どもの言い分を聞き、子どもの書いているものを読んで、「なるほど、そうだなあ」と、教えられ、育てられるのは、毎日のことである。もちろん、子どもの方でも、教師から学びとってくれるところがなければならないが、教師も子どもによって育てられるのが、教

育活動の事実である（下線──引用者）。6)

　ところで、東井はいつ頃からこのような心境に達していたのか。彼の膨大な実践記録を精査した結果として、筆者は、彼が姫路師範を卒業し20歳で豊岡尋常高等小学校に赴任した1932年から父亡き後寺院を継ぐために故郷の合橋村立合橋国民学校へ転勤する1942年3月までの間、と判断している（詳しくは、風媒社からの拙著『東井義雄の授業づくり　生活綴方的教育方法とESD』、『東井義雄　子どものつまずきは教師のつまずき』を参照いただきたい）。

　この辺で、筆者の仮説的「老いの楽書き」は止めよう。最後に一言つけ加えておきたいことがある。それは、ロヒョーが亡くなった後、時の権力は直ちにレカーンの学校をつぶしている、という事実である。

　要するに、ここで筆者が言いたかったことは、仮説的にではあれ、このような授業実践の分析と整理を行うべきではないかということである。そこには豊かな知見が隠されている。20世紀前後から太平洋戦争終結までの間にかぎって、可能なかぎりわが国の授業実践そのもの、少なくとも具体的な授業展開がイメージできるところまで降りていって、東井が言ったように子どもから「教えられ、育てられるのは、毎日のこと…（中略）…教師も子どもによって育てられるのが、教育活動の事実である。」ということを実証していきたい。7)

　本書全体で試みたいことは、わが国においても、プロローグで見たような授業実践（カリキュラム開発まで含めて）が豊富にあった。その一端を掘り起こしてみることである。

〈拙著1999『小学校教育の誕生』近代文芸社の「ザルツマンの訪問」38〜39頁をベースに書き直した。〉

註

1）Helmholz, D. 1993. Julius Heinrich Bruns. Weidler Buchverlag S. 112.

2）飯田隆（2017）『新哲学対話　ソクラテスならどう考える』筑摩書房 16 ～ 17 頁。

3）ロヒョウ著・田中昭徳・金子茂訳（1965）『国民性と教育』明治図書、33 ～ 37 頁参照。

4）村井実（1955）『かにの本　子どものしつけ』牧書店。

5）ザルツマン著・村上瑚磨雄訳（1928）『教師と父母との再教育　珍袖蟻の書』イデ
　ア書院、23 頁。

6）『東井義雄著作集　2』明治図書、1972、192 頁。

7）最近このような視点から、教育実践史を追究していこうという姿勢がうかがえるも
　のとしては、たとえば、橋本美保・遠座知恵（2019）「大正期における教育学研究
　の変容」（『教育学研究』第 86 巻第 2 号）がある。

第1章

子どもは学ぶ主体・問う主体

はじめに　前提情況

　1872（明治5）年に「学制」が発布され、全国津々浦々に近代的な小学校が創られる。そして、1883年には、東京師範学校卒の若林虎三郎（1855～1885）と白井毅（1857～1925）が『改正教授術』を発刊する。開発主義授業法のマニュアル本だ。日本教育史家堀松武一は、同書こそ「伝統的な記誦注入の教授法を根本からくつがえし実物を媒介として児童の心性を内面から開発しようとしたペスタロッチの精神そのもの」と整理する。[1] が筆者は、この堀松の整理に賛同しかねる。その証拠を1つだけ挙げておこう。

　同書の「自序」、「第一、教授の主義」、「第二、疑問の心得」の総論を見るかぎり、同書は開発主義の授業論と言える。しかし、学校現場教師に一番関心がある「方法書」、つまり今日の指導案の各項の説明を見ると次のようになっている。「教師ノ問ト生徒ノ答」をきちんと書いてないと、その授業は「櫂」のない船のように正しく進むことができない、と。「方法書」が示す模範的な授業例は、たとえば、以下のようだ。

いろはの「い」の字を教える場合

　　　（級決──学級全員で「そうです」と発言。教可──教師が「そうだね」と
　　　承諾する──引用者）。

教　いとヲ示シ是ハ何ナリヤ

生　いとナリ　　　　　　　　　　　　　　　　　　　　級決　教可

教　物ヲモ示サズ口ニテモ言ハズシテ人ニ此物ヲ
　　知ラセンニハ如何ナルモノヲ用キルベキヤ

生　字ヲ書シテ知ラスヲ得ル　　　　　　　　　　　　級決　教可[2]

「物ヲモ示サズ口ニテモ言ハズシテ人ニ此物ヲ知ラセンニハ……」という問いに対して「字ヲ書シテ知ラスヲ得ル」と子どもが答えてくれないと、授業は予定通り展開して行かない。しかしこれは、誰が考えても、7歳前後の子どもが応えられるものではなかろう。だが、教師にとっては、この答えはどうしても必要。子どもが答えてくれなければ、「知ラズンバ余之ヲ語ラン」と教師の方から「（教師にとって都合の良い）正答」を押し付けていく授業にならざるを得ない。この種の授業を筆者は、「正答」主義の旧い授業と整理している。[3]

　この種の旧い授業では、本書がめざす子どもたちが主体的に学びあい、教師も子ども共に主体的に学びあう授業は生まれてこない。

　わが国で、主体的に学びあう授業が登場する幕が開きはじめるのは、20世紀前後から。もっとも、これはわが国の授業論が遅れていたからではない。

　アメリカの教育史家カバリー（Cubberley, E .P. 1868 ～ 1941）が指摘したごとく、巨視的に見ると、「19世紀においても、子どもは教科書の内容を記憶すること以外に何もすることはなく、教師は生徒が問に対する答えを知っているかどうかを調べる以外、何もすることはない」という状況は、アメリカでも、そして日本でも同じ。[4]

　だが、微視的に見ていくと、わずかではあれ、授業改革に取り組む実践現場から、教育の中心が、教師から子どもにパラダイム転換する兆しがうかがえる時代が近づいていた。

　発問と授業の関係という視点から、その兆候例を２つだけ挙げておこう。

Ⅰ．東京府師範学校（現東京学芸大学）教諭の永江正直（1862 ～ 1933）がフィッチ（Fitch, J. G. 1824 ～ 1903）の The Art of Questioning, 1879 を翻訳し『疑問法之秘訣』として金港堂から出版（1889 年頃）している。フィッチは、発問をその用途から、

　①予備的あるいは試し的な問

　②教授展開の手段としての問

　③テストのための問

に分類している。[5]

　なお、フィッチの発問論は、学校現場から叩き上げの多田房之輔（1862 ～

1940）──14歳と7ヶ月で地元小学校の授業生（＝代用教員）、18歳で千葉師範卒業後直ちに小学校校長、1888年には文部省から全国有効の普通免許状第2号を下付される──が、同年出版した『教授指南』（博向堂）でも紹介されている。現場叩き上げの多田が、いち早くフィッチの発問論を紹介していることにも、筆者は注目したい。

　ここでは、国会図書館所蔵のフィッチの原典から、彼の発問観を筆者が要約する形で紹介しておく。

　　発問は、子どもの高度な知力を犠牲にしてやみくもに記憶を耕す代わりに、子どもに思考させ、彼のエネルギーと活動性を促進させて精神的な能力全体を覚醒させるべきものである。発問は、子どもが思考し、自問する習慣を育み、彼を教師から自立させることに貢献する。それは、子どもを真理の勤勉な受容者にするのではなく、むしろ巧みな発見者にする。発問は全てこれを目的としなければならない。だから、授業の成否も、教師が授与した情報の総量によってではなく、子どもの判断力をいかに強めたか、子どもの能力をいかに拡大したかによって測るべきである。要するに、全て今後の学びの基礎になる探求心と発問心がどれだけ子ども育まれたかが、授業の正否を決定づける（前掲Fitch.79〜80頁参照）。

　この発問観は、旧い「正答」主義を完全に克服して、子どもに主体的な思考を促し、自問する習慣を育んで、教師から自立することを目指している。そして、教師が授与した情報の総量によってではなく、要するに今後の学びの基礎になる探求心と発問心がどれだけ子どもに育まれたかが、授業の正否を決定づける、と定義する。このようなフィッチの発問観、授業観が明治20年代に入ると紹介され出し、『改正教授術』の旧さが批判されるようになる。この批判線上で次に登場してきたのが、ヘルバルト派の教授段階説。

Ⅱ. **山高幾之丞・藤井初太郎**（1894）**『実験小学教授術』**　三重師範学校教諭（後校長）山高らが著したこの書でも、フィッチに習ってその目的から予備的発問、実習的発問、試験的発問に分ける。そして、授業展開と関わらせながら次のように説明する。

教授ハ、先ス生徒ヲシテ其智識ヲ得ント欲スル希望心ヲ起サシメ、若シ之ヲ受得スルニ妨害ヲ与フベキモノヽ、生徒ノ心意中ニ存在スルコトアルトキハ、之ヲ除去シテ学習ノ準備ヲ為スコト最モ肝要ナリ。予備的発問ハ、即此ノ目的ヲ達セントスルニ外ナラス。[6]

　学習を阻害するものは、見えるはずのものが見えていないこと。つまり、子どもの頭や心が、「疑フベキモノアリテ、之ヲ疑ハズ。驚クベキモノアリテ、亦之ニ驚カズ」という状態を指す。教師は、授業をはじめる際に、眼前の子どもがこのような状況にあることを、まず認識する必要がある。そしてこのような状態を打ち破って、教師が教えたいものに対して、「どうしてだろう、なぜだろう」という疑問心と驚きを子どもに呼び起す発問が、予備的発問。こうして「真ノ教授ニ先ダチ、児童ヲシテ之ヲ学バントスル希望心ヲ起サシム」（傍点原文）る。もう１つの妨害は、十分に知らないのに知っていると思い込む妄想。この「妄想ヲ除去シ、深ク教授ニ注意セシムルコト」も予備的発問の主要な目的である（同、22、30頁）。後者は、ソクラテスの「無知の知」を授業の導入段階で子どもに自覚させることに他ならない――この点は、フィッチの発問法でも強調されている。
　実習的発問（＝フィッチの「教授展開の手段としての問」）については次のように説明している。

　　児童ハ既ニ多クノ事物ヲ見聞セルモノナレバ、此等ノ事物ニ就キテ、必多少ノ観念ヲ有セリ。然レトモ其ノ観念ハ極メテ不規則ニ蓄ヘラレ、連絡モナク又系列モナキモノタルニ過ギズ。是ヲ以テ、教授ノ多クノ部分ハ、児童ガ既ニ有スル所ノ思想ノ萌芽ヲ開発誘導シテ、新知識ト旧知識トヲ程能相連繋セシムルニアリ。蓋発問ノ目的ハ単ニ其ノ答弁ヲ求ムルモノニアラズ。児童ヲシテ、之ノ解釈センガ為ニ、其心力ヲ活動セシムルノ手段トスルモノナレバ、以上述ブル所ノ教授ノ目的ヲ達スルニ欠クベカラザル事ナリ（同、33頁）。

　発問の目的は、単に答えを求めることではない。子どもがすでに持ってい

るイメージの萌芽を開発誘導して新知識と旧知識を連繋させる教授活動の不可欠の手段としてとらえるこの発問観は、注目に値する。ここには、①発問によって子どもの主体的な学びを呼び起こそうとする授業観の片鱗がうかがえる、②このような発問観を師範学校で未来の教師に教えていることの意義は大きい、からである。

　明治も30年代に入ると、授業の実践においても理論においても、20年代とは比べ物にならないほど活発な議論が展開されるようになる。この時期、わが国の小学校就学率は急速に上昇し、1902（明治35）年には就学率が数字上90％を超える。また、1900（明治33）年には「小学校令」が改正される。尋常小学校は4年制に統一され、進級試験、卒業試験も廃止される。師範卒の正規教員が山間僻地の学校へも配属されるようになったからだ。
　こうして、多くの現場教師が授業改革の主人公として全国各地に登場してくるにつれて、理論と実践の統一を図ろうと相次いで教育雑誌が刊行されるのもこの時期である。海の向こうではエレン・ケイ（Key,E.1849～1926）が『児童の世紀』（1900）で「20世紀は児童の世紀」と主張し、デューイ（Dewey,J.1859～1952）が「教育の中心は教師から子どもへ」と説く『学校と社会』（1899）を出版。新教育の波が、わが国にも押し寄せてくる。

第1節◉形式主義の克服と自己活動の重視

活動を通して発達する
　樋口勘次郎『統合主義新教授法』　代表的なものとして、樋口勘次郎（1899）『統合主義新教授法』がある。同書は、樋口（1871～1917）が1895（明治28）年に東京高師を卒業後直ちに同附小訓導となり、在学中から研究し共鳴していたパーカー（Parker,F.E.1837～1902）の理論を実践に移すことを試み、その成果を著したもの。樋口の主張は、子どもの自発活動（セルフ・アクティヴィティ）を重んじる活動主義。彼の実践は飛鳥山遠足が有名だが、ここでは授業論・発問論に絞って検討を加える。彼は言う。

教授は、教育者が非教育者を発達せしむために施すところの作業なるが、
　　発達は活動の結果にして、発達の分量は活動の分量に比例するものなれば、
　　教授が生徒を活動せしめざるべからざるは論なし。⁷⁾

　これは、人は活動の中で活動を通して発達するという発達観から教授機能
を規定したもの。このような発達観に立つ樋口にすれば、当時の学校での発
問が次のように見えたのも当然であろう。

　　問うものは教師にして、生徒は之れに答ふるのみ、（之れを開発教授と
　称せらる）教師 独 (ヒトリ) 活動して、児童は受動の地位に立たしめられるを以て、
　其の活発なる活動性はいつしか衰弱して、研究心に乏しきものとなりを
　はる。加之厳重なる管理のために活動を剋制せらるゝにより、生徒はつ
　いに進取の気象に乏しき、因循姑息の人となるに至る。実に現今の小学
　校教育の多くは、児童の活動性を殺しつゝあり（同、51 頁）。

　樋口は、当時の形式化した開発教授と「管理」によって学習秩序を保とう
とする「ヘルバルト派の管理の妄用」をこのように批判する。彼はまた「現
今世に所謂良教師とは、教授敏捷にして、弁舌爽やかに、滔々と説き去り、
説き来ること恰も演説つかひの如く、児童をして木偶の如くに、傾聴せしむ
る手腕を有するものをいふ」（傍点原文）といった子ども不在を問題にする。
そして、「教師の良否は児童を発達せしむる技能によりてのみ定むべき」こ
とを強調する（同、52 〜 53 頁参照）。
　樋口は、教授の形態、学習の形態によって授業の良否を判断しようとする
形式主義の誤りを見抜いていた。授業の良否は、教授や学習の形態で決まる
ものではない。そこで生起させられる学習活動の質——それが子どもの主体
的な自己活動になっているか否か——から判断していく必要がある。このこ
とに、彼は気づいていた。彼の言葉を借りれば、「教師より問いかけて生徒
に答えしめだになさば、開発主義の主義に合し、生徒の能力を啓発するに足
るべし」ととらえたところに、開発主義の形式的把握があった。これは開発
主義の全くの誤用。樋口の批判は続く。

開発主義の本領は、教師は只成るべく簡単なる刺激を与ふるのみにして、生徒各自に啓発の活動をなさしむるものならむ。従来わが国に流行したるが如き開発教授は、到底其誤用たるをまぬがれず（同、54〜55頁）。

彼の言説には、教授の形態を問答法か注入法かと2分していく形式主義はない。問答法ばかりでもいけない、かといって注入法ばかりでもいけない両者のバランスを、という折衷的な形式主義でもない。授業において、子どもの発達を導きだす主体的な学習活動が生起させられているか否かという観点からのみ授業を観ていこうとする姿勢が、一貫している。この姿勢の中に、教授と学習を統一した授業過程の実現を可能ならしめる1つの前提を見出すことができる、と筆者は解釈している。

発問への注目
槇山栄次「発問法に関する研究」　槇山栄次（1867〜1933）は、山形県出身で1886（明治19）年同県師範を卒業後県内の小学校訓導を経て、1891（明治24）年に東京高師卒業。彼が秋田師範校長であった1898（明治31）年、創刊間もない雑誌『教育実験界』に4回にわたって連載したのが「発問法に関する研究」。彼はまず、従来のわが国の問答法の形骸化を、次のように指摘する。

斯く答へよと云はぬ許りの黙示によりて外観だけは正しき答えを釣り出したりと雖も、之を以って児童の心を啓発したりと思ふは大なる誤りなり、斯る無益の問答のため多くの時間を徒労したのみならず、児童をして予期の答えを為さしめんと力むるより心意の発達を蠹害（トガイ）することなきに非ず、発問法の弊蒐に至りて極まれりと云ふべし（傍点原文）。8)

この種の形式化の弊をとらえて、ヘルバルト派は開発法を非科学的と批判した。しかし、槇山は、「しかるに彼等（ヘルバルト派——引用者）は角を矯めんとして牛を殺したるの譬へに漏れず、問答法の弊害は問答法自身の罪にあらずして之を用ひしものゝ罪なりしを忘れ」ている（傍点原文、同頁）。そ

のためヘルバルト派は、概して発問法の研究を等閑に伏す傾向を示す。これ
はまた、逆にヘルバルト派の弱点だ、と整理している。

第2節◉子どもを学ぶ主体にする発問

智識を作る順程

　育成会編纂（1900）『発問法』は、授業にとって最も重要である「発問法が、
従来系統的に研究せらるゝに至らざりし」ことを遺憾として公刊された発問
に係る本格的な実践的研究書。同書も、一応ヘルバルト派の教授段階説を引
き合いには出す。しかし、同書は、それにとらわれることなく、孔子、ソク
ラテスの発問観から説き起こし、子どもの学習を主体的な自己活動としてと
らえる授業観から発問法を実践的・総合的に解明しようとした。そして、発
問を次のように位置づける。

　　児童の心意に刺激を与へ旧観念を復起せしめて新来の観念と溶合する
　過程を作るは、是重要なる手段にして、其手段正しければ、児童は自ら
　観念交互の作用を行ひて、想像悟性等の心象を作るに至るべし、教師は
　唯其手段のみを盡くして、児童を其心的作用を行ふを得べき順程に置く
　に過ぎず、是発問の本く所にして、又其目的とする所なり、故に発問は、
　児童に智識を与ふるものに非ずして、児童が智識を作るべき順程を、与
　ふるものたるを知るべし。9)

　授業における教授作用は、子どもが主体的で自己活動的な学習活動によっ
て新知識、新観念をわがものにしていくことが可能になるような「順程」に、
彼らを乗せること。発問の目的は、発問をしてこの教授作用を機能させる手
段にすること。発問は、子どもに知識を与えるものではない。しかし、発問
なくして教師は教えるべき知識を子どもがわがものにする「順程」を彼らに
保障することはできない。これが、『発問法』の発問観・授業観。
　子どもの学習を主体的な自己活動としてとらえる方法意識が、発問にこの

ような教授機能を課した。教授方法意識の進展が発問観の進展をもたらした、と言える。わが国では、当時ヘルバルト主義教授法がピークに達し、そこで実践された教授段階は、稲垣忠彦（1932 〜 2011）が『明治教授理論史研究』で指摘したように元々「人間解放と結合した認識過程」を実現するものであった。だが、実際にはこの「『認識過程』は、学習主体の解放という価値を失ったオペレーショナルな段階として捉えられる」風潮に支配されるという状況に陥っていた。10)

　この時期に、『発問法』は、稲垣が想定する「学習主体の解放」を目ざす方法意識から発問をとらえ直そうとした。同書では、教師が教えたいものをいかにして子どもの学びたいものに変えるか、という観点から発問を把握しようとした。これが事実であることは、『発問法』の以下の説明でより明らかになろう。

　　発問を以って、児童の思想界中に既に存する観念を喚び起し求知の欲望を起こさしめ、其活動を促して観念交互の作用を行はしめ、児童が自ら為し得る所のものは、教師は決して自ら為す如きことあるなく、唯児童が活動を容易にし、観念作用を完成し得べき補助のみを与ふる時は、児童自ら探求に勉め、成功を得て、喜悦の情伴ひて発生すべし、即ち児童を以て活動の中心となし、或は事物の観察を促し、已知の規則を応用せしめ、其実例を発見せしむ等は、其発問に依りて行ふべきこと（同、12頁）。

　子どもが、自ら知りたい、分かりたいと思って、探求活動を起こす過程で、苦労したけれど分かった、少し難しかったけれど発見できた、という喜悦（＝成就感）を十二分に体感することを介してはじめて、その認識過程は（稲垣が言った）人間解放とも結合する。ここに、子どもを学びの主体にし、問う主体にするために発問を用いようとする同書の姿勢がよく現れている。「児童を以て活動の中心となし、或は事物の観察を促し、已知の規則を応用せしめ、其実例を発見せしむ等は、其発問に依りて行ふべき」とは、デューイが強調した「教育の重点を教師から子どもへと転換せよ」と通底していることは言うまでもない。

答え＝スパイス

　『発問法』では、発問は「児童をして自ら観念交互の作用を行ふべき心理順程に在らしめんことに務め、依りて以て其観念界を啓発せんと欲するもの」と位置づけられる。発問がこのようなものであるとすると、「発問には必ずしも言語上の答あるを要せざるべし」ということにもなる（同、11頁参照）。これは、教理的問答的発問（カテキ）から解放された新しい発問観。発問は必ずしも言語上の答えを必要としない、とはどういうことか。

　　　何となれば、児童は発問に対して、意識を傾注し、観念を分解し、結
　　　合して、判断の作用をなし、概念を形づくるに至れば、是れ発問の目的
　　　を達したものにして、之れを言語にて答へしむるは、如何に諸概念を溶合
　　　したるかを察して、次に来るべき手段を考え、且児童をして、其思想を言
　　　語に結合せしめ、之をして一層明瞭ならしむるに過ぎざるなり（同、5頁）。

　答えは、発問がその本来の目的を達成するための手段として、つまり第二義的なものとして位置づけられる。さらに、「答えを口に出して言わなくてもよい」ということは、教師が発問し子どもが教師に向かって答える、という今日でも多く見られる授業風景の理論的前提が崩れる、ことを意味する。子どもが教師に向かって答えるのは、（教師が）予定した「正答」を答えられるか否かを教師が点検したいがためだ。子どもが、教師に向かって答えを発言しているかぎり、そこには主体的な学びの芽はない、それは「（教師によって）やらされる学習」の域を出ない、という理屈が成り立つ。筆者がこう推論する根底には、ディースターヴェーク（Diesterweg, F. A. W.　1790～1865）の答え＝スパイス説がある。[11]

発問と教授法の関係

　ここで、『発問法』が構想していた教授法と発問の関係をまとめておく。同書では、「教授法とは、児童を教授の目的の在る所に導き至さん為に、教師が彼らと共に進む所の行程なり」ということが出発点。教授過程は、教授目的に向かって教師が子どもと共に進む行程でなければならない。共に進む行程を「指さし」つくりだすことが、授業指導。だが、この行程は、子ども

を「汽車に投じて」目的地に達せさせるようなやり方で行われてはならない。

ヘルバルト派の教授法は、子どもを一斉に「5段の汽車」に乗せれば、彼らは皆5段の行程を経験する、と解釈してしまう誤りに陥っていた。『発問法』が批判した「子どもを汽車に乗せて目的地に運ぶ」授業をしていたのが、当時のヘルバルト派、と筆者も考えている。ここでの核心は、教師が子どもと共に進む（協働）行程のなかで行われる子どもの心的作用。同書に聴いてみよう。

> 教師の指示する所に従ひて、児童自ら活動し観察し分解結合して、一歩一歩其行を進むるに因りて、明瞭なる観念を把捉し、快感を伴い、労苦を忘れて其目的地に達すべし、此行程に於て、児童の注意を促し、其活動をなさしむる所以は、皆発問の与りて務むべき所なれば、該行程に於て児童の活動を促して、其快感を引き起こすべきは、皆教師の発問に依るべきなり（同、102〜103頁参照）。

教師が教えようとする目標に向かって、子どもを教材に立ち向かわせ、自分の目で観察させ、こうかもしれないぞ、いや違うかもわからないなど、色々試行錯誤しながら一歩一歩自らの足で歩んでいくプロセスのなかで、子どもは、やっと分かった、できた、という快感や成就感も体感できる。授業のなかで、子どもに教材世界と出会わせ、同一のものを見ても、その見方、感じ方は一人ひとりちがう、だからそのちがう部分を互いに発言しあい、聴きあい、独りで考えていた時よりもより良い・より広い見方、感じ方に磨きあげていくような対話活動を呼び起こすことも可能になる。いわゆる「3人寄れば文殊の知恵」である。

これが、教師が授業で目指すべき子どもの心的作用の核心。学級授業では、このような子どもの心的作用が、学級全体で同時に生じる。それを教師が紡ぎあわせることに成功すれば、そこでの学びは、彼らの人格を解放し・発達させる認識活動になる、という見通しも立ってくる。このような心的作用を促し、方向づけ、学級全員の協働活動として組織していく教師からの働きかけ、これが発問、とするのが同書の発問観・授業観。

授業で子どもは、教師に向かって「正答」を言い当てることが仕事では

ない。「私はこう考えた、皆さんどうでしょうか?」「今の○○さんとちがって、私はこう感じる、皆さんどうでしょうか?」と教室で学んでいる仲間に向かって、疑問形で発言できるようになれば、子どもが「問う主体」に育った、学級に「問いあう風土」ができてきた、と言えるのではないか、というのが筆者の考え。学校の授業現場で、このような状況が生じてくるのはいつか。これが、次の課題である。

　筆者独りが、以上のようなことを推測しているのではない。当時すでに現場から、これに類する発言が出ている。少し拾い挙げてみよう。

問いあう風土

　学級授業である以上、「聴取者タル生徒ハ、発言者タル一生徒ノ陳述スル所ノ事項ニ対シテ同意不同意ヲ表スル義務ヲ有スル」。これは、長野師範教諭心得として県の教育界をリードしていた白井毅編 (1891)『教授新案』の言葉。[12] この指摘は、永瀬伊一郎編 (1897)『新編実用教授学』の「抑、該一級に起れる問題は、一生徒と教師との問題にあらず、全生徒の問題として各自に思弁推究せしめざるべからず」[13] という考え方に通じる。

　このように、「一児童の答は、独り其児童の答に非ずして、全級の児童が其答に関して責任を有するが如く、答を取り扱ふに依りて、初めて発問を以て、全級児童を捕捉して行く」（前掲『問答法』175～176頁）ものになる。

　学級で授業をする以上、教師にとっては、答弁の可否1つにしてもそれによって学級全員の思考活動を促すべく配慮が必要。児童にもこの状況が自覚されれば、「発言ノ地位ニ立ツ所ノ生徒ハ、其ノ顔ハ、教師ニ向クモ、其ノ心ハ、全級ニ向ハザルベカラズ」（白井前掲書、74頁）という発言態度が生まれる可能性も出てくる。子どもがこのような状況まで自覚しながら、同一の教材をめぐって発言しあい、聴きあい、分かちあいながら主体的に学びあう学習主体、問う主体が育まれる基盤になる言説が出現してきたのである。

　最後にもう1つ、及川平治 (1875～1939) の「教師の活動と児童の自発活動セルフアクティビテーとに関する批評」を挙げたい。これは、彼が郷里宮城県の高等小学校長であった時のもの。彼は当時の授業を「現下の教育を見るに所謂五段教授を誤用し、教師独り自動して材料の調理に忙しく、児童は唯口を開いて

哺育を俟つものゝ如くである」と分析している。そして次のようにまとめている。

　そもそも教育者は、
　(1)　児童の活動を促す刺撃者である。
　(2)　児童の努力を拡張する方向を指導する案内者である。
　(3)　児童の勉学の監督者である。
　(4)　之を要するに教師は児童の勉学を助け、機会を与え、活動の範囲及び
　　　程度を決定すべき役目を持っているものである（傍点、圏点原文）。[14]

第3節●授業は教師と子どもの協働作業

質問する習慣
　雑誌『日本之小学教師』に度々寄稿している長野県の実践家池上誠は「小
学の初学年に於ける教授の実際」という論文を数号にわたって連載している。
そのなかで、「教授は児童の自動を務むべし」として次のように述べている。

　　巧拙なる教授はよく児童をして自発的に活動せしむ、仮へ外形は巧妙
　に見ゆるも、教師のみ活動し、只或る事物を注入するのみにて、児童の
　自動を努めざるものは、真に有効の教授と云ふを得ず、凡て智識は自ら
　学ばんとし、自ら成さんと奮励する時に於て尤多く得らるべし、即自発
　的に活動し、自己の力を以って注意を支配する時において尤多く、且精
　確に得識す。[15]

　池上は、小学校1年生から「質問をなす習慣を養へ」と言う。学校で子ど
もが質問しないのは、質問する能力がないからではない。そうではなくて、

　(1)　教師を敬して遠ざけしむること、
　(2)　質問をなすときを与えざること、

（3）児童の偏性を注目せざること、

が主要な原因。発問についても、「教授の方法中に於て大切なる位置を占むる」ものと位置づけ、発問の巧拙が授業を大きく規定する、と指摘している。そして言う。

　　只単に問ふと巧みに問ふとは大いに其趣を異にするものにて児童をして何の思慮もなく鸚鵡返しに答へしむが如き問は更に其功なく只之を口唇の練習たるに止まるのみ（同、16 ～ 19 頁参照）。

雑誌『児童研究』創刊号（1898）でも、池上は次のことを強調している。

　　（授業では）必ずや生徒自身が奮ひ進みて学ばんとするの動機を起こし、心身の全体を挙げて教師の説く所授くる所に委与し、その与へらるゝ材料を取りて、自ら組織し自ら構成して、自家の知識たらしめある可らず。教師は実に生徒をして此底の心を振起せしむべき務めを有す。生徒の活動せざる教授は死する教授なり。16)

　子どもは、教師から与えられた教材を自ら手に取り、それを既知と統合させ、自ら再構成してわが物とするような、全身全霊を投入した主体的な自己活動の主人公になること、を池上が求めていたことが分かろう。

ヒュースの教授法
　この時期、学習活動を重視する立場からわが国の授業論に少なからぬ影響を与えた人物に、ケンブリッジ大女高師部長のヒュース（Hughes, E. P. 1851 ～ 1925）がいる。彼女は英国女子教育の第一人者で、英国政府教育視察派遣員として1902（明治35）年にわが国を訪れている。『ヒュース嬢教授法講義』（1903年、本田増次郎・棚橋源太郎共訳、山海堂）は、東京高師での16回におよぶ教授法の講義録の翻訳。余談になるが、彼女は日本に1年3ヶ月にわたって滞在し、東京の常盤小学校や富士見小学校なども訪問。また地方視察を3回行って、全国各地の師範学校から小学校、さらには幼稚園まで回っている。

第1回目の地方視察で神戸を訪れた時、頌栄幼稚園で開催された京阪神3市連合保育会において「日本の教育制度、教員について」と題して講演した時には、同園の創立者アニー・ハウ（Howe, A, L. 1852 ～ 1943）や兵庫県高等女学校（現県立神戸高等学校）長になっていた『疑問法之秘訣』の著者永江正直らが招かれている。永江はこの時、ヒュースの講演の前座を務めた。[17]

　わが国で最もよく引用される彼女の言葉は、「教授は生徒と教員との一種の合資事業なるが故に、生徒も教員も各相応のものを持ち寄りて、始めて之を完成することを得る」である。[18]

　これは、授業が教授―学習過程であることを説いたもの。彼女の授業観は、次の言葉に一層如実に表されている。

　　教育の要は、教員の知れる所を授けて生徒をして之を記臆せしむるよりは、寧ろ生徒をして自ら進んで新しき知識を求め適当に之を配列整理すること即ち知識を求むる方法を知らしむにあり（同、37 ～ 38 頁）。

この文言は、奇しくも先の池上「教授法の根拠」のそれとぴったり重なる。

知的能動性の重視

　明治も40年代に入ると、「教師は子どもの奴隷である」という書き出しで始まる教育学書も出現してくる。これは、東京帝大卒で広島高師教授小西重直（1907）『学校教育』の冒頭の言葉。小西（1875 ～ 1948）は、教育学を「児童指導学」と名づけている。

　とはいえ、小西は教授活動を否定しているのではない。「子どもの自発活動を正しく輔導することが即ち教育の働きである」ととらえる。そのためには、「教授法の如何によりて学びたい確実に学びたい確実自在に発表したいという強固なる努力を起こさせねばならぬ」として、優れた教授ないし教授法の必要性を強調する。また彼は、次のように「活動主義」「自学主義」の形式的理解に注意を促してすらいる。

　　現今の小学校教育などは子どもに静かに考えさする働きが割合に少ないのではあるまいかと思う。外形のみの活動に走らずして内部の連想作

用思考作用の活動に一層留意する必要があると思う。[19)]

　小西の主張からも明らかなように、子どもに活動させる、自学させるという形態が重要なのではない。形態を重視すれば、教授活動は否定ないし後退せざるを得なくなる。重視すべきは、外的形態ではなく、子どもの知的活動性、知的能動性。学習活動をいかにして知的能動的な主体的活動として組織するか、ということだ。当時まだ主流であったヘルバルト派の授業は、この点で弱点を持っていた、というのが小西の考え。東大助教授の吉田熊次（1874〜1964）も同様の見方をしている。
　吉田は、3年半の独・仏留学から帰国して著した『系統的教育学』（1909年）で、その弱点を以下のようにまとめている。

　　余りに教授を機械的に、形式的に一定の鋳型に入れて仕舞ふ……余りに非教育者を他動的にして仕舞ふ。非教育者其者を働かして行くよりも、非教育者に観念を与へるといふことのみ工夫する。ある事柄を授ける場合にはちゃんと一定の機械的段階を踏んで行けば必然的に効果が上がるものとして、非教育者自身をして自発的に活動せしむることの大切なることに気がつかぬ。[20)]

　要するに、「ヘルバルト派は児童の心を活動させて行くということよりは、児童の心をじっとして置いて、易す易すと総てのものを児童が受取る工夫を主として、それをなすを巧みなる教授という風に考える傾向を持っておる。」
　そのため「教場の内に於て巧に為されたる教授は、直ちに教授として完全なるものであるとの誤解を惹起さす。」（圏点原文、同、507〜509頁参照）という欠陥を持っていた。

第4節◉語りかけ問いかける

明治も最終盤になると、授業論にしても、発問論にしても、授業展開が具体的にイメージできるぐらい、そして「これなら私にもできそう」「やってみたい」という「やる気」が現場教師に湧いてくるような次元で論じられるものが登場してくる。

習わせ上手

授業を教授と学習の緊張関係でとらえようとする例は、東京高師附小訓導の加藤末吉の著書『教壇上の教師』と『教室内の児童』（いずれも1908年）にある。

加藤は、『教壇上の教師』で教授の目的を「児童をして、自ら立ち、自ら鍛ひ自ら錬ること」（傍点原文）におく。彼の立場は明確である。

> 児童が自動の領域を侵して、彼等の手を執り、体を支へて、その発達を妨ぐるが如きを以て、吾等の職能とは思はない。吾等の親切と、愛とは、彼等を働かしむる中に、深く籠もって居る（傍点原文、同201〜202頁）。[21]

加藤は、「常に、教え上手よりも、習はせ上手になりたい」と考え、「児童を中心とした教授法」の確立を目ざそうとした。子どもの自動を重んじ、子どもを中心に据える教授法は、加藤の場合、教授機能の軽減ないし後退を意味しない。彼は、教師の教授活動を「奮闘的行為」と呼び、むしろ本来の教授機能の強化をさえ意図している。

> 吾々（教師——引用者）の奮闘的行為は、敵（子ども——引用者）の重囲に近寄って、これを自家の薬籠中に納め、これを味方として、自分と共同し作業せしめ、更に進んでは、自分（教師——引用者）を離れても、活動する処のものであらしめねばならぬ。故に敵を全滅するが如きはもとより望まないが、これを捕虜としてその自由を束縛するが如きも大禁物

である。我等の戦争は、自軍の糧食、兵器を授くるのみではない、機密に属する軍略の全部を譲与せんとする（同、11〜12頁）。

　ここで彼は、3つのことを強調する。
　第1は、敵の陣中に割って入り、敵を味方に変えるという意味での教授機能の強化。もちろん、これは敵を圧倒し、全滅させるような一方的な「伝達―受容」の教授ではない。子どもの状況を十分に把握した上で、教師の教えたいものを彼らの学びたいものに変え、教師と協働活動することで、つまり、彼らの主体性を侵すことなく、自分（たち）の学びたいものを自分（たち）で学びとったという学習体験をしくんでいく指導の必要性を説く。
　第2は、子どもを捕虜にし、その自由を束縛するような教授の否定。これは、「管理」に依存した、あるいは「管理」と癒着した当時のヘルバルト派教授の否定を意味する。彼はあえて「管理」を締め出したところに、純粋に教授作用のみによって授業を成立させるような教授の技術を求めようとした。そして、教授技術の質をより一層高めようとした。
　第3は、授業では、子どもに知識や技能をきちんと教えるだけでは足りない。「機密に属する軍略の全部を譲与」することまでを目ざした意図的で系統的な指導が必要、という点である。これは、授業指導は知識や技能の伝達であると同時に、その伝達が他方では子どもに自己学習力や「問題の自己提起能力」（デューイ）形成のための体系的な指導になっていなければならない、という授業観を説いたものと言える。
　以下、これら3点について少し詳しい説明を付けておこう。
　第1の強調点からは、子どもの興味を重視し、学習活動における知的能動性を高める、そのためには教師の教材解釈力が必要、という課題が出てくる。加藤は、「よい教授」を次のようにとらえる。

　　先づ児童の性情を考へ、児童の興味の向ふ所を察して、如何なる事が易しく、如何なる事が難きかを窺ひ、児童の自然の傾向に順応して、適当の方法を講ずるのである。しかして、これが適当なる方法とは、児童をして、その間に、自ら工夫せしめ、自ら助けて、自発的に独立自頼的に、着々前進せしむる方案を指すのである。かくして、自ら進み得ざる時には、

十分の工夫をなさしめて後、僅少の暗示と、保護とを有効に与へ、児童をして、成程と強く感ぜしめ、しかも、そが活動は、自力の工夫になり、自立して難局に処置したりと感ぜしむるもの。

この方向で、「児童のために図ることにつとめ、孜々として教えて倦まざるもの」、これこそ、彼が描く「よい教授」（同、206～207頁）。

ここには、教師が全身全霊を傾けて徹底的に教えることが、子どもの徹底的で主体的な学びを呼び起こす、という教授と学習の緊張関係＝弁証法的関係——今日にも通じる——を見ることができる。彼が言う興味は、単なる興味本位の「面白さ」ではない。そうではなくて、「児童の心理に、奮励努力の燃ゆるが如きものあって、真理の開明に対して、真に油然たる興味」という意味のそれである。子どもにとって、教師はこういう真理探究の興味の「煥発者、指導者、持続者、監理者、感化者にならねばならぬ」（傍点原文）と言う（同、31、203頁）。

最初は子どもが喜ばない教材であっても、教師がどうしても教えたいものであるなら、「これを喜ばしむべく仕向け」ていくのが、彼が言う興味の煥発者、指導者、監理者である。

したがって、教師の説明においても、「生徒をして、なるべく説話に疑問を起こさせて、しかも其講説中に、自らこれが解答をなし得るような波瀾がなければならぬ」のである（同、87頁）。教師が教えたいものを子どもの学びたいものに変え、そして共に真理を探究していく仲間としての指導の必要性、そのための教材解釈の必要性、を説いたものと言える。

彼も確認しているように、児童の自立の重視は決して「教授の方法を粗略にする」ことではない。むしろ「鍛錬し得るだけ鍛錬し、抵抗し得るだけ抵抗させて、所謂かれ等の潜勢力を十分に伸展しようとつとむる」強力で準備し尽くされた指導を要請する。[22] この要請は、とりわけ発問に当てはまる。

教科書に拘泥するな

教授活動がいくら徹底的であろうと、それによって引き起こされる学習活動が、子どもには「そが活動は、自力の工夫により、自立して難局に対置し得たりと感ぜしむる」ように映るものであればよい。授業での学習活動がそ

のようなものとして彼らに体得されるように、教師には、子どもの実情を把握し、それに突きあわす形で教科書を自由に使いこなす（＝支配する）だけの力量も必要になってくる。

　この点に関して加藤は、「教科書の下風に立って、教育するものがあらば、如何なる児童がこれを信頼するであろうか……何にしても、教師は教科書の上に立ちたきものである」（傍点原文）と、教師の主体的な教材解釈の必要性を説く。そして、教科書が国定だからと「殊にこれを尊きものとして、天降的に考え、一も二もなく、鵜呑み」にするような教師の主体性のなさを批判する（同、201〜203頁）。

　教師の主体的な教材解釈は、加藤のように附属小学校の教師だからできたのではない。たとえば、それよりも早く、埼玉県の小学校長羽山好作も教授の実績を上げる方法として、「教科書に拘泥するな」ということを第一に挙げる。羽山は、教科書教材の組み変えと並んで「不適当なるものは之を省き、必要の事項は附加」することを教師の当然の仕事と位置づける。この仕事を抜きに、「教科書の価値を過大視し、……却て教科書の為に左右せらるゝの奇観を呈せる有様を猛省」せよとまで指摘している。[23)]

　この他、羽山は、教授の実績を上げる方法として「教科書の研究はもちろん教科書以外の必要教材を調べおけ」とか、「郷土の教材を調べよ」とも言う。[24)] 教材研究、教材解釈が教科書の枠内での研究、解釈に止まらず、それを超えた研究、解釈でなければならないことを示唆している。この種の主体的な教材研究、教材解釈が、教師を実践的主体にし、発問の構想力や授業の展開力を豊かにする前提になることは、言うまでもない。

　加藤や羽山は、教科書の内容を吟味にかけることが教師の当然の任務と位置づける。この点で、教師は実践主体でなければならないという位置づけは、注目に値する。なぜなら、稲垣忠彦の言う「公教育定型化」の過程で「教師は、実践の主体、子どもと教材の統一者ではなく、所与の教材の伝達者となる」傾向を打破する事実が、ここには見られるからである（稲垣前掲書、442頁）。

教授と「管理」の関係

　第2の強調点に移ろう。ヘルバルト主義の教授法も含めて従来のわが国の授業は、教授技術の未熟さを「管理」で補ってきた——どこの国でもそう

なのだが。加藤は、授業における教授と「管理」のこの関係を意識的に断ち切って、「管理」に依存しない教授術を求めようとした。これは、些細なことではあるが、授業指導論上の一大転換とさえ言える。

　実際問題として、教師は授業中になぜ「静かに」という制止の言葉を多発しなければならないのか。それは、そもそも教師の指示の出し方や処置の仕方、身のこなし方に問題があるからではないか。そう考えた加藤は、授業中の指示の仕方や板書の仕方を教師が身に付けなければならない片々の技術として意識的に収集し、整理しようとした。その中からいくつかを取り出してみよう。

［読本を下調べさせる時の指示］

　（「今から下読みをしなさい」とだけ命じると、どうなるか）必ず多数の児童が任意に読むならば、その声は自然に漏れて、喧囂（ケンゴウ）を感ずるであろう。この時これはいけない、「静かに、静かに」と制したところで、一度崩潰（ホウカイ）した勢は、容易に鎮圧することが出来ないものである。処が、これを未然に「静かに本の下読みをして御覧なさい。声は立てないで」といふならば、何らの労苦もいらない。そして、其際尚ほ「読めたなら本は机上に置いてよろしい」とつけ加へて置けば、読めないものは、本を手にして居るから、読方を授ける際に、どんな生徒に力を注ぐべきかが明瞭になって、教授の手加減が定まる。

［答を処置する際の注意］

　吾々は、答をとるのが仕事ではない。何が故にかかる答を得たかは、答が正当であろうがあるまいが、尋ねて見たい。別して算法を誤解したものには、（個別指導の）便宜の場合に、それを正答にまで導いてやらねばならぬ。其都度、正確に矯（ダ）されて行けば、劣等性も出来ない訳になると思ふ。

［板書の際の注意］

　吾々も、一眼は黒板に注意するが、他の一眼はこの授業を受くる生徒に通って居るならば、唯々板書問題のみが具合がよいといふのではない。透（スキ）のない授業が出来て、管理などに小言をいふ必要はなくなる。教師が若し板書に全力を注いで、児童に尻を向けて居るような事をすると、活動性を具る彼等は、早速目を盗んで、こせこせと始める、漸くのことで、

教師がこれを見出して「こら何んですか‼」としかり飛ばさなければならぬ。これはもと児童もわるいが、教師の板書について手ぬかりがある罪もとがめねばならない（加藤前掲『教壇上の教師』131～145頁）。

[技能教科での指示]

唯、何かなしに、「何かを考へよ」といふて居るが、考へよといった処が、それで考へられるものではない筈である。必ず、其以前に、考へる種となるべき骨がなければならぬのに、それに思ひいたらぬために、其成績の進歩しない訳になると思う。習字の様なものでも「もっと甘く書け」と何回叫んだ処で、叫声が美書の種となる筈はない。……何事にも、方法をつくさずに、最後を要求するのは、大いに無理だと考へる。最後の要求は、どれほど、力強くいった処で、効果の挙がろう理由にはならない（加藤前掲『教室内の児童』142頁）。

教師は、答えを取るのが仕事ではない。だから、正答でもなぜそう考えたのかその理由を尋ねてみたい⇒注入暗記の「正答」主義からの完全な決別。板書の際には、教師は、一方の眼は黒板に他眼は生徒にとか、板書中に子どもが私語したり、よそ見をしたりするのは、子どもも悪いが隙を見せる教師にも罪があるという注意⇒今日も言われているいわゆる「4分6の構え」。さらには、習字や図工の時間に、「もっとうまく書（描）け」と最後だけ要求することの稚拙さなどは、今日でも多々見られる状況である。

ともあれ、加藤はこうして、「児童の心事を実地に当たって読破した」具体的な片々の指導技術の体系化を試みようとした。これは、教師の指示を子どもへの語りかけとして成立させる技術——「管理」を不要にする指導の技術——を志向したもの、と言える。授業実践を通して身に付けていくしかないと思われていた教授術——職人的な勘やコツに帰せられていた部分——を意識的に抽出し、教師の「共有財産」として「見える化」しようとする試みは、研究的実践家加藤ならではの壮挙といっても過言ではなかろう。

「問い方」を教える

第3の強調点は、教師が教材を分析し解釈していくその手順まで子どもに教えていく。そしてやがて子どもが自力で教材を分析し解釈していくことが

できるようになるための意識的な指導の必要性、を示唆したものだ。

　発問に関して言えば、教師が今日発問したその方法を使って明日は子ども
が自分で教材を分析していくことができるようにする。これを目ざして、教
師は今日の発問を構想していくことが必要になってくる。発問は、子どもに
思考を迫り、発見を迫るものに止まらず、彼らに問い方までを教えるもの
でなければならない。元々「学問する」とは、「問い方を学ぶ」ということ、
だからである。教師は、発問を構想する際に、子どもに問い方（アプローチ
の仕方）を教えていくにはどう発問すればよいか、ということまで考慮して
いかなければならない、ということになる。

　しかし、「軍略の全部を譲与」せよと示唆する加藤も、では具体的にいか
にしてそれを譲与していくかについての説明を展開するには至っていない。
彼は、後に『続教壇上の教師』（1915）を著すが、そこでも発問の効力の1つ
に「自学心の啓培」を挙げるに止まっている。その説明は、こうだ。

　　教師の問に答ふる児童は、さらに自ら発問を質さんとするの勇気を馴
　致するの効果がある。即ち発問は教師の権利のみではないことが知れる。
　こゝにおいて自発的に思索するの勇気を与へる。殊に質問を歓迎する教
　師のもとにこの特点を認めることが出来る。[25]

　「自ら質問を質さんとする」の「勇気」を引き起こすと言うだけで、問い
方を教えるまでには至っていない。「発問は教師の権利のみではない」と、
子どもにも問う権利を加藤は認めている。しかし、この権利を教師はいかに
して子どもに保障し、行使させていくか、という自覚は、彼にはまだない。

　教師からの働きかけが学級の子どもへの語りかけとして成立するには、そ
れ相応の術と機敏が要請される。加藤は、この術と機敏をどの教師にも活用
できる「共有財産」として「見える化」しようとした。『教壇上の教師』が
出版7年で24版を重ねていることは、彼のこの試みがわが国の現場教師にい
かに歓迎されたかを示している。全国のいかに多くの教師が、「授業中静か
にしないと罰するぞ!」といった類の「外的管理」の助けを借りないで、子
どもへの働きかけを成立させるような教授技術を求めていたかが、分かる。
これは、わが国の教師大衆が描き・求めている授業指導法の水準の高さを間

接的に示すもの、と筆者は考えている。

　このことからも、よい授業をしたい、そのために優れた授業指導法、発問法を身に付けたいという教師の熱意は、相当なものであったと推測される。明治30年代に入ってからの教育ジャーナリズムの勃興もその１つの現れ、と見ることができる。現場教師のこの熱意に、彼らが実践主体になろうとする萌芽を見ることができるのではないだろうか。

自問への指導

　最後に、槙山栄次の発問論を紹介しておきたい。加藤が、「発問は教師の権利のみではない」子どもに「自ら質問を質さんとするの勇気」を引き起こせ、とまでは説いたが、ではいかにして子どもに質問させるようにするか、その点までは説明し切れていない。槙山には、そこに挑戦しようとする兆しがある。

　彼は、言う。わが国は、開発主義教授以来、「何でも問をかけて生徒に答へさすのが教授の最上の方法と考へ、恰も魚でも釣るように答を釣り出すことが教授の巧みな所であると云ふやうに考へ」る弊に陥っていた。[26]

　槙山は、「魚でも釣るやうに答を釣り出す」ことは、巧みな発問でも巧みな教授でもない。そうではなくて、「発問法其ものは生徒をして自ら活動せしむるやうに仕向けて行く所の大切な方便」と定義する（下線──引用者）。[27]

　教師が、この「仕向け」部分、すなわち子どもの自己活動を「指さし」していく部分、の考察を十分にしないと、「児童をして機械的に活動せしむるのみで、真の意味における自動力はこれが為め却って妨害せらるゝことゝ成」る。ところで、この「仕向け」の中身は何か。

　　児童をして彼ら自ら活発に質問を為し且正しく質問するやうに導く事が出来たならば、発問法の最高点に到達したと云ふことが出来る。……児童が自ら問うて自ら解決せんとするやうに仕向けて行く（の）でなければ発問の目的を達することは出来ませぬ（同、85頁）。

「仕向け」の中身は、自問への指導であり、発問の目的は子どもに自問することを教え、学ばせることだ。ここには、子どもに「自問の習慣を養って

意識的に活動せしむるやうにする」「発問法の極意」を解明しようとする兆し、がうかがえる。

第5節◉一斉教授批判

一人ひとりの学びの保障

　授業過程を教授と学習の緊張をはらんだ統一とみる授業観は、その当然の帰結として、教授と学習の統一が学級の個々の子どもにおいて成立すること、を要請する。それは1人の教師の教授活動が、学級の60人前後の子ども一人ひとりに、教授と学習の緊張をはらんだ統一としての学習活動を生起させること、を要請する。

　これは、2、3人の優等生に乗っかった授業でもなく、学級の中位に照準を合わせて、いわゆる「上を抑え下を切り捨て」ていくような授業でもない。学級の全の子どもの学習が、夫々において教授と学習の緊張をはらんだ統一としての学習活動となる、そのような授業を求める。すなわち、学級での（真の意味での全員参加型の）授業を成立させる教授のあり方を求めることが、課題になってくる。

　明治も30年代に入ると、このような立場から学級での授業指導のあり方を問題にしようとする学級授業論への志向が出てくる。この種の学級授業論は、視点を変えれば、わが国に形式化して定着した五段階教授法への批判であり、一斉画一教授への批判となる。まずこの点から見ていこう。

　東京高師教授の大瀬甚太郎（1865 ～ 1944）は、『新撰教育学』（1908）で次のように述べる。

　　教授の良否を判断する標準は単に教師の苦心労苦のみに存せずして、非教育者の心力の上に生ぜしめられたる結果に於て存するものなり。教授は非教授者の心力を練り、之をして自ら攻究し、独力判断し、新知識を発見するに至らしめんとするものなれば、其の価値は寧ろ非教育者の心力を惹起し、之を育成することの多少に由りて決せらるゝを適当とす。

最も善く生徒を働かしむる教授は即ち最も巧妙なる教授たるなり。[28]

　子どもを働かせるためには、大瀬が言うように、教師が「先ず自ら活発に教授し、働くべき順序方法を指示し、就きて働くべき教材を与え、模範を示す」ことが不可欠。しかし、この教授は、子どもの個性に即して発揮されなければ効果がない。大瀬も、教授の形式ではなく実質を重視する。だから、五段教授法についても、「ヘルバルト派の所謂形式的段階法は、実地教授上参考として用ひらるゝに止まり、決して墨守せられざらんことを要す」と注意を促す（同、169、229〜230頁参照）。

　かつてヘルバルト教授学の導入を最も熱心に説いた谷本富（1867〜1946）も、『新教育講義』（1906）では、当時のわが国の学校教育の欠陥として、個人性を重んじない、自主自重の精神に乏しい、の2点を挙げる。そして、サーチ（Search,P.W.）の『理想の教育』（1902）を紹介して、「学校は画一の要求を離れ差別の教育の最大必要を承認せんことを要す」（圏点原文）ということが新教育の核心だと解説する。[29] 谷本の訳語「差別の教育」は、原典 An Ideal School の education of difference で、「教育の個性化」のこと。

　谷本は、前掲書で新教授法の原則を「教師が生徒を輔導して自学せしむ」（傍点原文）ることだとまとめている（同書、339頁）。自学輔導が教授の原則だとすると、その教授は個人化を含まざるを得なくなる。学級の一人ひとりに「自学せしむ」るような学習活動を保障しようとすれば、子どもの個人差や個性を配慮せずに教授することは不可能だからだ。

　ちなみに、彼は教育の「個人化」の最大の敵は学級教授だと言う。しかし彼は、学級教授という組織（システム）を否定しているのではない。つまり、

　　　個人教授と謂っても何も一人一人教えるのではない。団体教授の中に個人教育をするのです。眼前に学級を置きながら眼中には個人ありと観ずるのです（傍点原文、同、411頁）。

　谷本は、ヘルバルト主義教授学が定型化して定着した当時の学級教授を「個人化」の「敵」と呼ぶ。彼は、学級での教授が子どもたち一人ひとりの学習活動を組織するものとして具体化されるような授業指導（教授の実質的

側面）のあり方を、求めようとしていた。

個人差に応じた教授

　教授の実質的側面に主眼を置くと、実践的には直ちに困難が出てくる。教授の実質的側面とは、今風に言えば、どの子にも「分かる」授業と言い代えることができる。実質的な困難とは、どの子どもにも「分かる」授業を保証するという場合の「分かる」範囲をどうとらえるかという点である。（兵庫県）御影師範教諭の寺内頴は、次のように述べる。

　　今教授の実質的活動を主とする時、一つの困難に遭遇する。そは明覚とは級全体の児童を云ふか、二、三の劣等生は除かるゝか、これ大いに攻究すべきことである。全級の過半数が明覚せる時は、更に次に進むとせば劣等生は渡りに船を失へるが如く、次々の仕事は一つもわからず終るべきことゝなる。此所に大いなる注意を払はざるものは、いまだ実質的活動の事を語るに足らぬものである。[30]

　豊かな授業現場を踏まえた寺内ならではの問題提起、と言える。彼は、一人残らず全ての子どもに「明覚」（「分かる」授業——引用者）を保障するものでないと実質的に学級で教授した、教えた、とは言えない、ことに気づく。そこで彼は、学級の最も遅れている子どもに進度を合せつつ、早く分かった子どもには追加課題を課していくことで、優等生をも伸ばすような授業を薦める。

　　最明覚の遅きものゝために費す時間を計り、之を標準にして進むことが良い様である、然る時は全級児童を甲乙丙位に分つことが出来よう、新たに教授すべき教材の分量は常に丙を標準として立てよ、かくして甲乙には或仕事を課すことを計らねばならぬ、歴史科で云ふならば関係ある史談を読ましむるが如き、読み方ならば、書き取りをなさしむる如き、算術科で云ふならば特に二三の問題を課するが如きである（同、同頁）。

　ここに、個人差に応じた教授の原型を見ることができる。寺内が1899（明

治32）年という早い時期に、後の及川平治の分団式教授に通じる授業形態を構想していたことは特筆に値しよう。なお同様の考え方は、羽山好作にもある。彼は「教授の実践を挙ぐる方法」の１つに、「児童の個性を考慮せよ」という箇条をあげている。

　　誠に見よ彼の算術教授を、優等生は無職に苦しみ、劣等生は無為に終わるもの少なくないではないか。……一学級の児童を二分或は三分し、各児円満にその天稟を伸長せしめねばならぬ（羽山前掲論文、18〜19頁）。

　羽山のこの箇条は、別の箇条「児童をして自動せしめよ」と相関関係にあり、両者相まって教授の実績を上げることができると解釈していたものと考えられる。

欠席児に同情せよ

　群馬師範附小主事、下平末蔵も一斉画一教授を批判する。彼は、「個人的顧慮をなすべし」として、「生徒個々の天稟長所短所等を明にし、之に適応した教授訓練を施すに非ずんば、時間と勢力とを徒費するを免れじ」と言う。そして、「謬等にも各生各別の急所あり病あるべし。宜しく之を看破して、各別に之を矯正し之に薬すべし。十把一からげにしては労多くして効なからん」（傍点原文）と述べている。[31]

　下平は、「個人的顧慮を為すべし」という注意と並んで「欠席生に同情すべし」という項目を挙げて言う。

　　児童欠席のため成績頓に下がり、又登校を嫌厭するに至れること少なからず。……されば教師は彼に対して涙を濺ぎ、教室に於ても特別に個人的注意をなし、又時間外に於てその欠如せる知識技能を補充してやるべし、欠席必ずしも児童自身の罪にあらず、多くは家庭の哀れなる事情に依る。かゝる家庭に生まれたる者に同情せずして可ならんや（同、47頁）。

　「欠席必ずしも児童自身の罪にあらず、多くは家庭の哀れなる事情に依る。教師は彼に対して涙を濺ぎ、特別に個人的に注目し、又時間外に於てその欠

如せる知識技能を補充してやるべし」とは、後の生活綴方教師の子ども観に通じるものがうかがえる。この指摘も、学級の子どもに教授の実質的側面を保障しようとするためには——授業外から家庭生活にまで視野を広げて見守るという——わが国特有の志向の表れ、と筆者は解釈している。

　1912（明治45）年時点での小学校就学率は、文部省統計によると98.2％だが、その中には名目上の就学者や中退者も含まれている。それらを差し引いた「通学率」は、89.4％まで下がる。その他、家庭の貧困により「就学猶予」によって小学校に通学していない児童もいた。「就学猶予」とは、○○につき、（児童）「本人を要す」という申請書により、児童本人が必要なことを認めてもらい、（意外と簡単に）不就学を許されるという仕組み。この種の「就学猶予」が、農村部よりも、都市貧困層に多かった、と大門正克は指摘している。[32]

　また、土方苑子（1945〜2017）が言うように、たとえば長野県五加村では村のリーダー層においても、「女に学問は要らない」という社会的通念によるのか、書類だけの就学で、女児を何かと理由をつけて親が平気で休ませたり、5年で中途退学させたりする例が少なからずあったらしい。彼女たちの親が、内の娘もせめて尋常小学校卒だけはという意識が確立するのは、1920年代後半まで待たねばならなかったらしい。[33]

　また、当時東京女高師教授であった槇山栄次も、「現今小学教育界に於いて警省すべき事項如何」において、一斉画一教授を次のように批判する。

　　小学校の教育は個性の発揚を許さぬようにも思はれるが決してそふではない、仮令同様の事項を授けるにしても、其目的とする処は決して平当画一の人を作るが為ではない、我輩の考えでは小学校の教育は個性発揚の準備を為すべきものであって、種々の個性を其の自然に従って十分に発達させるという事が小学校教師たるものゝ頭脳中に画かねばならぬ理想であると思ふ。しかるに今の教育界の弊はこの個性を絶対的に拒絶して居るといふては少しく極端かも知れぬが少なくとも個性の発揚を怠ってをるといふことは事実でなかろうか、教育者が自分の心の内に画ける一つの模型を作って如何なる児童をも、此の模型に対して無理にあてはめんとして居るやうな感がある（傍点原文）。[34]

この弊を避けるには、教師の自制が要る。たとえば、発問をする場合、

　　児童が教師の問に対して不正の答弁をしたとき、教師が単に「イケナ
　イ」の一語で直ちに次の児童に移し、次のもの亦正しき答を為さないと、
　更に之を第三の児童に移すやうな事に極く容易い作用であるが然し之れ
　自ら制する力乏しく自己の職分を重ぜず、児童の個性を顧みないもの丶
　する処で嘉みすべき方法ではないと思ふ、責任ある教師は不正の答弁に
　接すると自ら反省して何故に正しき答へを得ないかを考え、発問の形式
　を易へて答弁せしめるか、又は種々の指導により、児童をして自ら其の
　誤を発見せしむるのである（同、13頁）。

　槙山の授業場面に当てはめたこの具体的な説明は、現場教師向けの雑誌論
文であるがゆえに、現場教師にとっては、非常にイメージし易いものになっ
ている。しかもその内容、──「責任ある教師は不正の答弁に接すると自ら
反省して何故に正しき答へを得ないかを考え」など──は、ロシアの文豪で、
民衆教育にも強い関心をもっていたトルストイ（1828 ～ 1910）の授業観と通
底するものとして、筆者は注目したい。

> **トルストイの授業観**
> 　19世紀後半ロシアの民衆教育に関わったトルストイは、以下のような授業
> 観を持っていた。
> 　もっともすぐれた教師は、生徒を悩ませているものについて、……できる
> かぎり多くの方的知識や新しい方法を考案する能力を手に入れることであ
> る。とくに、ある方法にのみこだわるのではなく、あらゆる方法は一面的で
> あるという信念をもつことや、もっともすぐれた方法は、生徒が陥るあらゆ
> る困難にこたえられる方法であり、したがって、それはもはや方法ではなく
> 〈わざ〉であり才能であるという考えを手に入れる。……どの教師も、生徒
> が不完全にしか理解できない理由を、生徒の側に欠点があるからと考えるの
> ではなく、自分自身の考え方に問題があると考えなければならない。そして、
> 新しい方法を発見する能力を自分自身の中で開発する努力をしなければなら
> ない。（トルストイ（1969）『ロシア国民教育論』明治図書、より）

真に教えるとは

責任ある教師とは、学級の子どもに「分かった」という学習活動を保障する授業を行ってはじめて、「教授した」「学級で授業が成立した」と言えるのだという自覚を持った教師のこと。なぜ、あの子はまちがったのだろう。なぜ、あの子は答えられなかったのだろう。それは、あの子のせいではなく、教師である私の問いかけや説明の仕方に問題があったからではないか、と振り返ることができる教師のこと。教師がこのような授業観に立った時、「正答」によって子どもを振り分けていく授業はできなくなる。教師が予め頭に描く「正答」が出るまで「他には?」「他には?」と次々と指名していく傲慢さに、教師が気づくことになるからである。

第1、2節で取り上げた加藤末吉もトルストイに通じる授業観を持っていた。たとえば加藤は、「極めて、上調子に、口先ばかりで其場を濁す外面的教授」を「形式的教授」と批判する。すなわち、

> 算術の課題を検討する時に当って、誤算者を見出しても、其原因を糺しもしないで進行するが如きは、如何にも其不親切を憾みと思ふ。もし、かかる授業の継続さるる時は、終には、劣等生を出す事に至る（加藤前掲『教室内の児童』229頁）。

子どもが計算まちがいをしても、それを教師が丁寧に見守ってやらないと、終には劣等生を生み出す。「責任ある教師が、そんなことをしていいのか、という警告を我こととして受け止める現場教師よ、出でよ」という指摘ではなかろうか。ここから、次のような注文も出てくる。

> 教師に忘れられたるものは、劣等児になるのであるから……忘れるようなことがあってはならぬ。劣等児でも、教師の手数さえかゝれば、多少の補いは出来るものであるから、贔屓目に多く問を掛けるようにしてやって戴きたい（加藤前掲『教壇上の教師』175〜176頁）。

答えさせ上手

（新潟県）高田師範訓導兼教諭の水野与三左衛門は、「忘れられたる発問法

の研究」で「生きた教授は答の処理で決定される。発問のみ重きをおくと、形は発問でも、実際は注入となる。」だから「教師は問ひ上手になると共に答へさせ上手であらねばならぬ」と興味深いことを述べている。周辺部の子どもに対する配慮については、

　　劣等児や遅鈍なものに向かって、性急は事を損する、時間も多く与へ、ゆっくり、とにかく終を遂げさせる様に、充分に発表させる。時に他児童の笑声などがかゝる児童をさまたぐる事がある、教師は全体を監視して、この可憐の児童に味方せねば、永久立つ瀬はない。[35]

　子どもが誤答した場合、どうするか。子どもの「つまずき」の論理を見抜いて、誤答の中に肯定すべきものを見つけ出す努力が必要になってくる。肯定すべきものに「ねうちづけ（る）」行為とは、たとえ誤答であろうと答えたという勇気をほめたたえることではない。子どもの答えを教材に照らして解釈し直し、授業展開の契機として「ねうちづけ（て）」いく力量が教師に要請される。水野は言う。

　　例えば油菜を十字科（今のアブラナ科──引用者）と学び、彼月見草を見て、四弁にして黄色という特徴に注意して、比較概括して、月見草も十字科なりと答へんか、その概括は論理的には無論誤りであるが、その心理の働きは健全である。教師はその心理の働きを認めそして徐ろ（オモム）にその論理的方面を訂正せねばならぬ（同、24頁）。

　「論理的には無論誤りであるが、その心理の働きは健全」と「ねうちづけ（る）」ことができる教師が、今日でもどれくらいいるだろうか。もっとも、[アブラナ属─アブラナ科─菜種]と[フトモモ属─アカバナ科─月見草]の系列を小学生に分かるように説明することは至難の業だとは思う。が、ともあれ、こういう形で、誤答を「ねうちづけ」ようとする教師の出現を望むことは、どの子どもにも「わかる」授業を保障していこうとする言説の誕生、として筆者は注目している。

第6節●子どもの学習過程を尊重

真に学ばせるとは

　明治末、形式化し画一化した授業を最も徹底的に批判したのが1907（明治40）年9月から明石女子師範附小主事になった及川平治。及川は、「現行学級教授を根本的に破壊せんことを絶叫」して言う。

　　マッチ箱の如き教室の中に生々したる児童を閉塞し之に教師という手品師の仕事を凝視すべく強要して独立自動の望地なからしむる今日の学校の早く衰微せんことは余の望む所なり。36)

　彼は、「現行の授業中の子どもを観よ」と言う。教師は子ども一人ひとりの学習活動を保障しているか、分からなくても質問もできない状況におかれているではないか、と指摘する。

　　教師が教壇に立ったばあいに児童がいかなる地位にあるか、いかなる態度にあるかを考えねばならぬ。教師が予定しただけの知能を授与すれば、それでわが仕事がすんだように考えるのは間違いである。教師が与えさえすれば児童はつねに受領すると思うてはならぬ。教師が教えたから児童の知能が発展するのではなく、児童が学んだから知能が進歩するのである。ゆえに真に教えるとは真に学ばせる事である。……児童の自由質問を許さず、所感を述べさせぬような、いわば発動の機会を与えぬ教育はよろしくない。否、はなはだ不合理な教育法である。……余は児童の質問なき教育を死教育と名づけたいと思う（傍点原文）。37)

　子どもに真に学ばせることを保障しない授業に陥るのは、「同時に同一の方法を以って万人を同様に理解せしむる教育法なきや明らか」であるにもかかわらず、「然も今、尚、教授の形式的段階の一回通過によりて教育の目的を達し得るものと誤解」しているからだ。彼が言う「一回通過」の教授

とは、形式化した五段教授法のこと。彼は、ヘルバルト派の教授段階説を「古代的段階として歴史に葬るべき段階」ととらえている。及川の画一主義批判は、「能力不同の事実的見地に立って……正式教育＝本体たる学級教育を樹立」することを求めていた彼の基本的立場からの当然の帰結と言える。

　　児童の能力は知性、特性、体質共に不同なる事は事実である。一回の教授によりて完全に理解する児童あり、数回反復教授してもなお十分に理解せざる児童あり。これ児童の知力に差異あるに依る（同、23〜25頁）。

　この差異の事実をきちんと見極めて授業しないと、どの子どもにも「真に学ばせる事」を成立させることはできない、と及川は考えていた。この「事実に基きたる教育」こそが、「正式教育」で「此の事実を無視したる一斉教育は不正式教育」である。及川には、「余を以て見れば日本全国の小学校は殆ど不正式教育を施しつゝある」と映った。[38]
　彼の目に映った当時の学級教授の状況は、ヘルバルト主義教授法が現場に定着した現実の姿であったと推測される。及川はこのように批判して、「能力不同の児童を団体として取り扱う場合の『本体なる学級教授とは何ぞや』」ということを追究する。そして、学級の授業に分団を採り入れた分団式教育を実践したことは有名。彼の主張は、学級教授の解体ではない。彼は、この点を次のように説明する。

　　分団式教授（グループ・システム）は学級教授の利益を保存しその不利益を除去せんがために個別教授を加味せるものにして実に全級的個別的教授の別名に外ならず（圏点原文）。[39]

教科書をどう見るか

　「一回通過」の「現行全級式教育は遅滞児を製造」するが、「分団式は遅滞児救済というよりもむしろ遅滞児の予防策」「分団式の格段なる利益は劣等児をして学年相当に進ましむるにあり」という彼の言からも明らかなように、及川も劣等児の救済、予防に重点を置く。この立場から、夫々の子どもに真の学びを成立させるには、教科書をいかに吟味していくかが、重要になって

くる。この点を、及川に聴いてみよう。彼は、教科書という形で提供される題材の機能を、（教科書の）著者、教師、児童の3者より区別してみよ、という。この3者を区別してみると、たとえば次のことが見えてくる。

○ 今の教育は、教師の考えと児童の考えと、まるで、一致しておらぬ。しかるに教師はこれに知識を注入せんとしている。であるから児童は教室にありては、あたかも木偶のごとし。教師はひとり、プラットホームに立って手をあげ、足を動かし、演舞をなすのみである。しこうしてその演舞はことごとく無効の動作のみ。

○ 三者の区別よりして、われわれは教科書に盲従し、その奴隷となって教えるも無効であることを知るのである。著書の心中には実在せざる児童を標準にしているのであるから、たとい経験ある実際家が教科書を編集してもそのまま使用しうるようなものはできるはずはない。学級が異なればその児童の需要も異なるし、同学年でも昨年の尋常五学年と本年の尋常五学年とは彼等の問題とするところは違うのである。ゆえにわれわれは、児童の意識的必要に応じて題材を提供せんとするならば、児童を考察の劈頭におき彼の需要を第一とし、教科書の順序を第二とすべきである。

○ この区別は教師をして題材の各単位につき、その本然的、特殊的機能の何であるかを考察せしむる必要を感ぜしむるのである。もし、この考察が不十分であったならば、題材として用いることができないのである。……教師が韻文の機能は「想像力を修練し、文学に対する愛を惹起するにあり」というような目的を抱いて学級に臨むならばそれは愚挙である。こういう目的は幾百の韻文に共通のものである。各韻文につき他のものと区別しうべき特殊性、本然的機能を見出し、これを教育の中心題目とせねばならぬのである（及川前掲書、86〜87頁）。

実践主体としての教師

まさに、一人ひとりの教師が、教える学級の具体の子どもを念頭において教材を解釈する主体になる途上にあると言える。教師は、眼前の子どもを念頭において、国定教科書といえども常にそれを吟味し直していかなければな

らない。とすれば、及川の主張は、教師を実践主体にし、子どもを学習の主体にするもの、と解釈することが十分可能になる。より授業に即して言い直せば、

　　児童は想像力、判断力を練る目的で歴史や算術を学ぶのではなくて、話がおもしろいからとか計算の必要を感じたとかいう場合に学習するのである。教師が2と3とは5であるということを注入的に教えたとき、児童の思考が進むのではなくて、児童がいろいろ考えた結果、5なることを知ったときに思考力が高まるのである。動的見地の教育は児童の学習過程を尊重いたします（傍点原文、同82頁）。

「児童の学習過程を尊重する」がゆえに、教師はこれから教えようとする教室の子どもと教材を統一する実践主体にならねばならない、と及川は考えていた。教師が、子どもと教材とを統一する主体になるとは、どういうことか。それは、「教師が題材に対して一定の見識」が持てるということ、しかもそれが「児童より見て特殊の価値」を感じるような形で持てるまでになるということ、である（同、70頁）。「児童より見て特殊の価値」とは、極端に言えば子ども一人ひとりによってちがう。全国画一の教科書そのままでは、通用しなくなる。この地方のこの学校のこの子にとって、特殊な価値を教師がその都度解釈しなければならなくなってくる。教師が実践主体になるとは、こういうことだ、と筆者は考えている。

　このように及川は、教師が実践主体になる必要性を説く。教師が教材を解釈し、教えたいものを自分の言葉でつかみ直し、その教えたいものを眼前の子どもの学びたいものに変える。彼は、このプロセス全体を教師がすべき教材解釈だと考えていた。ここからは、教師は、国定教科書にそって知識・技能を子どもに伝達・受容させていくという単なるオペレーターの役を確実に超え出ている、という事実が見てとれる。

　かつて稲垣忠彦は、わが国のヘルバルト主義教授法は、「小学校教則大綱」→「教授細目」→「教案」という方向で上から縛られ、所与の内容の形式的段階への「適用の術」となった。そのため「学習主体としての生徒、実践主体としての教師を疎外するという性格を示している」と整理した。ヘルバル

ト主義の教授法は上から下への方向であり、方法の質、内容の質、さらには目的の質を問い直すという下から上へのルートがない、という論法である。稲垣は、

教材（公定性・所与性）

教授（形式的段階）

認識（価値欠落性）

　という性格において、教授法の発展は段階の適用の細密化となる、その細密化は実践主体の疎外の上に進行する、と指摘する。この「進行」が、彼の言う「公教育教授定型」化の過程。私たちは今、及川平治の諸論を分析して、果たして稲垣の様に整理してよいか。明治末の及川の場合、実践主体としての教師、学習主体としての子どもが生まれてくる可能性が十分にあるのではないか、というのが筆者の率直な結論である。及川1人に限らない。本章で見てきたように他の多くの授業実践家においても、この兆候が見てとれるのではないか。

〈本章は、拙著（1988）『明治期発問論の研究―授業成立の原点を探る―』をベースに書き直した。〉

註

1）堀松武一（1968）「開発教授の実態と教育の近代化」（『教育学研究』第34巻第2号）39頁。

2）若林虎三郎・白井毅編（1884）『改正教授術』巻一、普及舎、24丁裏表。

3）詳しくは、拙著（1988）『明治期発問論の研究―授業成立の原点を探る―』ミネルヴァ書房、105〜109頁参照。

4）E. P. カバリー著・川崎源訳（1985）『カバリー教育史』大和書房、556〜557頁。

5）Fitch, J. G.（1879）The Art of Questioning.Davis ,Barden and Co., pp.50-51.（国会図書館蔵）。

6）山高幾之丞・藤井初太郎（1894）『実験小学教授術』金港堂、29頁。

7）樋口勘次郎（1899）『統合主義新教授法』同文館、復刻版（1982）『統合主義新教授法』日本図書センター。48頁。

8）槙山栄次（1898）「発問法に関する研究」『教育実験界』第二巻、第三号、8頁。

9）育成会編纂（1900）『発問法』同文館、4〜5頁。

10）稲垣忠彦（1966）『明治教授理論史研究』評論社、178頁。

11）前掲拙著『明治期発問論の研究─授業成立の原点を探る─』44〜45頁参照。

12）白井毅編（1891）『教授新案』普及社、74頁。

13）永瀬伊一郎編（1897）『新編実用教授学』金港堂、128〜129頁。

14）及川平治（1901）「教師の活動と児童の自発活動とに関する批評」『教育実験界』第7巻、第4号、67頁。

15）池上誠（1899）「初学年に於ける教授の実際」『日本之小学教師』第6巻、第69号、27〜28頁。

16）池上誠（1898）「教授法の根拠」『児童研究』創刊号、27頁。

17）永江貴子（2019）「東アジアの教育近代化に寄与した日本人─永江正直を辿って─」拓殖大学『人文・自然・人間科学研究』第41号、20頁参照。

18）E.P.ヒュース著、本田増次郎・棚橋源太郎共訳（1903）『ヒュース嬢教授法講義』山海堂、6頁。

19）小西重直（1907）『学校教育』博文館、232、322頁参照。

20）吉田熊次（1909）『系統的教育学』弘道館、505〜506頁。

21）加藤末吉（1908）『教壇上の教師』秀英舎、201〜202頁。

22）加藤末吉（1908）『教室内の児童』、良明堂、235、241頁。

23）羽山好作（1899）「教授の実績を挙ぐる法」『日本之小学教師』第7巻、第80号23〜24頁参照。

24）同上論文、同上誌、同巻、第82号、17頁参照。

25）加藤末吉（1915）『続教壇上の教師』良明堂、102頁。

26）槙山栄次（1908）『教育教授の新潮』弘道館、137、245頁。

27）槙山栄次（1910）『教授法の新研究』目黒書店、83頁。

28）大瀬甚太郎（1908）『新撰教育学』成美堂、168頁。

29）谷本富（1906）『新教育講義』六明館、玉川大学出版部、復刻版、1973年、405頁。原典本はSearch. P. W. An Ideal School, D. Appleton and Company, 1901.（国立国会図書館蔵）。同書は、大瀬甚太郎・山本源之丞共訳（1907）『理想の学校』大日本図書として翻訳。

30）寺内頴（1899）「教授上の急務」『日本之小学教師』第5巻、第49号、51頁。

31）下平末蔵（1912）『教授訓練の革新』同文館、45〜46頁。

32）大門正克（2019）『増補版　民衆の教育体験』岩波書店、19〜28頁。

33）土方苑子（1994）『近代日本の学校と地域社会：村の子どもはどう生きたか』東京大学出版会、169〜172頁参照。

34）槙山栄次（1899）「現今小学教育界に於て警省すべき事項如何」『日本之小学教師』第6第61号、12〜13頁。

35）水野与三左衛門（1910）「忘れられたる発問法の研究」『教育実験界』第26巻、第11号、20頁。

36）及川平治（1910）「欧米諸国に行はるゝ学級革新一五大案」『教育実験界』第 25 巻、第 1 号、45 頁。

37）及川平治（1925）『分団式動的教育法』弘学館書店、明治図書復刻版、1972 年、59 〜 60 頁。

38）及川平治（1912）「将来の学級教育」『教育実験界』第 29 巻、第 3 号、7 頁。

39）及川平治（1910）「分団教育の発達及び経験の帰一」『教育実験界』第 26 巻、第 12 号 49 頁。

第2章

「子どもから」の授業実践

　大正期になると、学校現場教師が研究的実践者として本格的に登場してくる。本校は、あるいは自分は、こういう授業観、子ども観、教材観に基づいて授業を実践している、どうか参観し、批評してほしいという公開授業研究会が各地で開催されるようになる。自分はこのような立ち位置から授業を実践している、そして今この点で悩んでいると具体的な悩みまでも吐露しながら、それに対するアドバイスや批評を求めて、論文や本を著す実践家が爆発的に増えてくる。

　このような状況の到来は、教育方法学研究者として学校現場の実践家と半世紀近くの長きにわたって協働しながら、授業づくり・授業研究に取り組んできた筆者を正直ワクワクさせてくれる。本章では、そのような学校現場の研究的実践者に焦点を絞り、彼らが実践した授業と「対話する形」で論を展開してみたい。

　「対話する形」とは、筆者が今まで数千回以上学校現場の先生方と行ってきた授業研究、授業づくり研究の形だ。つまり、先ほどの授業を観て、私は○○のところは△△と思うがどうでしょうか？ とそこに集う人々と自分の考えや感じたことを、授業展開の事実に即して夫々が率直に対案を出しあい・聴きあい・磨きあう対話——カンファレンス——を介して、よりよい授業をみんな（大学人である筆者も含めて）で創り出していこうとする研究法。

　本章で取り上げる授業実践は、一口で言えば、「子どもから（vom Kinde aus）」の授業。トップバッターは、奈良女高師附小（以下、同附小と略記）の山路兵一（1883 ～ 1936）。[1]

第1節◉子どもが求めるところを与える授業

受け身的な子ども

　山路が、同附小に転任してきたのは、1918（大正7）年。彼は着任すると4年生の担任になり、そのまま6年生まで持ち上がる。この3年間の実践成果をまとめたのが、1921（大正10）年の『学校経営を背景とせる読み方の自由教育』。彼は、同附小に着任した時の様子を「学級経営案と学級経営」（『学習研究』第24号、239〜240頁）で次のように記す。

　　教育即生活、自律的の態度、——夢枕の間も頭から去ることのできなかったのはこの言葉であった。……来て見れや、低能児や、鼻たらし、意気も元気もどこへやら、……奈良いふところの、しかも場末を学区にしてゐる私の学校の児童、……その上、（経営）案そのものが自学とか、個性適応とかは並べ立てゝゐるけれど、私の実際はそれに伴はぬから、こちらがきばればきばる程、児童はいよへ迷惑顔、逃げる、追ふ、苦しいこと限りなし、……[2]

　このような状況に苦しみながら、授業を続けていた時に出会ったのが、エレン・ケイの『児童の世紀』。

　　（同書は）むら〳〵と私に大勇猛心——法悦を与えてくれた……私の年来、求めようとしたが求め得なかったもの、それはすっかり、この中にある。私は私自身に出会ったように、嬉しくて躍り上がった。もう、矢も盾もたまらない。じっとしてゐられなくなった（同、240頁）。

　以上、2つの引用から、同附小には、奈良市内の他学区と同様児童は無選抜で入学している。貧困児もかなり多く、1912（大正元）年2月の職員会録には、「貧困児童に給食を給することの可否について協議」、1918（大正7）年には、奈良市から教科書および学用品類の給与を受ける者30（例年）その

他学校内で給与を受ける者18を数えた、と記されている。もう1人1919（大正8）年に同附小へ着任した池内房吉は、後に当時の印象を以下のように記している[3]

　（師範卒業直後の）山間の分教場の子どもたちよりも見おとりのする子どもたちが、うようよしていました。汗と油とはなしるでぬるぬるになり、地柄もはっきりしない着物をまとっている子ども、しょぼしょぼ目の子ども、えりあしにしらみの這いあがっておる子ども等々。はかまをつけているのは、全校で4、5名というところでした。

　もう1つ注目すべきは、山路がエレン・ケイの『児童の世紀』に心底ゆさぶられて、1919（大正8）年の1月から（木下が主事に就任する前から）、「教師から与えることを止めて、子どもの求めるところを与えようとする」学習法を自ら実施しはじめる。

　こうして山路は、1918（大正7）年度の3学期（つまり、1919年1月）から「独自教育と相互教育、これを一丸として児童は独自に成長するものである」をスローガンとする授業実践をはじめる（山路「相互教育の揺籃」）。[4] 先述したように、附小に着任以降それまで、こんな授業をしていていいのか、私に教師を続ける資格はあるのかと悶々とする日々を送っていた彼は、教室の入り口に「参観謝絶」の札をかけ、教師の方から絶対に教えない、子どもが「教えてください」と要求してきてはじめて教えるという構えで、「皆さん、教わりたいこと、尋ねたいことがあったらどしどしお出でなさい。今日からは一人ひとりにお教えすることにしましょう」と宣言する。繰り返しになるが、彼がこのような宣言をしたのは、エレン・ケイの『児童の世紀』にショックを受けたからであり、木下主事でないことに注目したい。

「読方」の授業

　本節では、山路（1922）「相互教育の揺籃」の授業実践記録を、意味が損なわれない範囲内で縮小・抜粋引用しながら検討してみよう。

　第1日目第1時間目：教師のこのような突然の宣言にとまどいを見せた子

どもたちも、10分、15分と経つにつれて、2人、また3人と質問を持ってくるものが増えてくる。時間の中ほど以降は、山路は完全に子どもたちに取り囲まれる。以前なら「梃子で以てしても容易に動かうとも、口を開かうともしなかったものまでが『先生、先生』を連呼して押しかけてくる(a)」(下線、(a)などは──引用者)状況に、彼は喜ぶ。

　一人ひとりの児童の要求に応えていく煩雑さも、苦にならない。それどころか、今までのように「こちらで膳立てしたものを与へることは易しいが、求めるものが求めるがまゝに与えることは容易なわざではない、のみならず、かうなると自分の頭の弱さがヒシ〳〵痛感」させられる。こうして、児童一人ひとりの要求に対応していく努力のなかで、「おかげで真の教材の見渡しや系統などが、腹に入ってくる。児童から教えられる。……教師の頭の中で勝手に案配した系統や見渡しではない。児童の要求に適応した系統であり見渡しである(b)」ことを悟らされる。

　「読方」の授業：この種の独自教育（＝学習）が2週間ぐらい続いた後、読方の時間に子どもの方から、「先生！一度一緒におけいこさせてください」という要求が出る。どこにしようかとたずねると、今全員がやっている課がよいということで、全員が「わたしに読ませて下さい」と立ち上がり、1人の子が読みだす。文中の「大空」という漢字をその子は「タイクウ」と読む。すると14〜5名が、「タイクウではありません。オホゾラです」と指摘。「いや、タイクウでいい」「なぜ、タイクウがよろしいか」「辞書を引いたから」「引いた、オオゾラと書いてある」「いや、タイクウとも書いてある」と議論になる。しばらくして議論が堂々巡りをしていることに気づいた子どもたちは、先生に尋ねてみようと発言。教師が、「タイクウもよい、オホゾラもよい、どちらもまちがってはいない」と言うと、「どちらかに決めてください」と要求する。「そうした感じで読んでいるのならどちらでもよい、人々の感じですからね」と山路は応える。その後、子どもたちはどう出るかと待ち構えていると、口をつぐんで何も言わない。そこで、教師と子どもたちの間に（○印は教師、下線──引用者）、

○　どうです。すっかりわかっているのか。何でも聞きたいことがあったら……

いいえ、もう聞くことはありません。
　　　先生、何でもたずねて下さい。
　○　答えが出来るか、元気よく……
　　　何でもたずねて下さい。
　○　よし、では、気候によってすむ所をかへる……とは？(c)

　と、テンポのよいやり取りの後、子ども甲がア、乙はイ、丙はウ……と言い、あるいは賛成しあるいは質問し、互いに意見を交換しはじめ、教師などまるでお構いなしの状態。2～3の点についての同様のやり取りがあった後、教師は最後に、「鳥にはどんな色々な種類がありますか」と発問。これには軽々に答えられず、子どもたちは沈黙して、「先生、しばらく学習させてください」と言う。安心していた自信の夢が壊れたのだ。数分後。得意そうに突っ立った1人の子が「わかりました。わし、たか、とび……」と鳥の名を一々並べたてはじめると、「そんなことではありません。そんなことを言っていたら、いくら言っても足りません」と1児が横槍を入れる。「では、あなたは何ですか」と前者が質問。「つばさの大きい鳥、小さい鳥など……と言わなくてはなりません」と意見が出る。質問が出る。その間に全文は繰り返し——各自によって読み返される。相互の意見はいつ果てるとも思われない状況になる。この間の事情を山路は次のようにまとめている（同、97頁）。

　　（こうして）たゞの一次限の一緒のおけいこはたゞちに、かの個々別々の自由な学習に大影響を及ぼして、更により熱烈になって来た。この個々の学習が熱烈に徹底すると、この一緒にするおけいこはいよいよ熱烈となる。甲が真剣となれば、乙も従って真剣となり、乙が真剣であれば、甲もまた期せずして真剣である。両者は相携えて児童を成長せしむるものである。
　　個別指導は教育改革の母である。
　　教師のみの計画による教育は必ず行詰まる。

　以上の授業記録の再現は、読んでいて、今日の授業研究の現場に居合わせるような臨場感すら感じられる。この種の授業記録が多出してきたことが、

大正自由教育期の特色の1つ、と筆者は考えている。

　ここにうかがわれる山路の授業観は、次のような特徴を持っている。

①下線(a)からは、子どもの方から教わりたいところを自分で発見して教師に尋ねに来る学習法では、従来のやり方では発言しなかった子どもまでが進んで尋ねに来る。⇒これが［同附小の「合科学習」で、ここでは劣等生も生じない］の片鱗がうかがえる。

②下線(b)からは、学習する教材は、子どもの要求に応じて教師がアレンジする。⇒［教材の配列は、国定教科書下であろうと、『子どもから』を柱にして教師と子どもの共同作業によってその都度つくり出していくという新しいカリキュラム観（＝「学習材料は子どもがとる」という後に木下竹次が定義する教材観、木下、1923『学習原論』目黒書店）と共通の萌芽がうかがえる］いや、教材の配列だけに止まらない。授業過程そのものが、つまり「学習は教児（教師と児童——引用者）の同行主義」（「学級経営案と学級経営」、134頁）である。

　そうなるためには、自分は棚上げしておいて、従来のように子どもにだけ伸びよと要求する教師ではいられなくなる。子どもに伸びよと要求する以上、教師自身も伸びようとする努力を日々送らないかぎり、この姿を子どもに見せ続けないかぎり、教師からの語りかけは子どもに響かない、という心境に山路が達していたことも見えてくる　ア）。

　あくまでも子どもの目線から、授業の前にも、そして授業中でも教科書や教材を解釈し直し続けていく、という教材研究・教材解釈観　イ）。

　このア）イ）が、山路が授業実践主体へと成長していった姿、と筆者は考えている。しかもこの実践が、木下主事の着任前、つまり『学習研究』に「学習原論」が連載され始める前の実践であることを、見逃してはなるまい。

③下線(c)は、「できた」「わかった」と一安心している子どもに、教師が「挑発」して、新たな学習意欲を引き出すという山路特有の手法＝指導法（後述）。教師と子どもの間のこの種のやり取りは、授業がテンポよく、ダイナミックに展開していく原動力になっている。山路のこの指導法は、相互学習の場を利用してさらに一層熱烈な個別学習を呼び起こすことに主

眼が置かれている。山路がこの種の学習法を「眼玉」にしていたことは、同論文の1年程前の1921（大正10）年4月に発刊された同附小の子ども向け月刊誌『伸びていく』の創刊号から連続して「少年少女会議」——討議を核にした相互学習の方法——を紹介していることからも、傍証できる。[5]

④最後に、先に引用した授業記録から、山路がこの授業改革に取り組む前に、こんな自分が教師を続けていいのかという悩みは、彼の思い過ごしであった——もちろん、この種の悩みは、時代を超えて、教師であるかぎり何時も必要なのではあるが。それ以前の授業においても、今日から見ても普通以上の濃密な授業づくり、学級づくりが確実に積み重ねられていた、と筆者は判断している。授業内外でのこの種の地道な積み重ねなしには、新しい授業法を持ち込んでわずか3～4週間程で、あれだけ活発な学習活動が子どもたちの間に起きるはずがないからである。

もう1つ、③④につけ加えておきたいことがある。それは、「一度一緒におけいこさせて下さい」という1児の要求に全児が共鳴し、しきりに要求している点だ。彼に、直接聴いてみよう。

　この「一緒におけいこ」ということは、各児の心中に伏在していた（「相互学習」させてくれという）要求であった。……学級は教師と児童の共同経営である。従来のは私の専制経営であった。だから（先のような強烈な要求、意見表明、討論が）行われなかったのだ。かれらは独自、個人の学習に興味を有っている。けれどもまた相互の教育にもあこがれを有っている。それは独自教育の自然の要求であらねばならなかった（「学級経営案と学級経営」、141頁）。

以上のようなまとめを踏まえて、この③④の特色を持つ指導法は、いかに深化していったか、もう少し追ってみよう。

相互学習

山路は、『学習研究』第12～15号（1923）に読本「獣類の移住」の授業

（尋常5年）を授業者の「感想を抜きにして実際だけを書」く。今日いう授業のプロトコルだ。授業が展開していくポイント部分を抜き出してみよう。（Tは教師、Pは子どもの発言。なお、漢字は現代表記に直した。）

P　ハイ、〜、〜、〜……読ませてください。
　　ハイ、ハイ、〜、〜、
　　（全児が一斉に叫び立つ。1児が立って、さも得意そうに、そして自己の全学習力をこの読みによって表明しようという意気込みで読んでいく……読みは一通り終わった。果然）
P　私は仏兵の跡を追いて……をブツ兵の跡を……と誤っていました。
P　一として之をさまたぐる……をイチとして……
P　逃げかくるゝ中、町を過ぎ屋根を……を逃げかくるゝウチと読んでいました。
P　私もウチと読んでいました。なぜナカでなければならないのです……?
　　（10数児は一度にドッと起ち上がって）
P　逃げかくるゝウチと言えば何だか逃げかくれているヒマとか、スキにとかいう意味に聞こえますが、逃げかくるゝナカと言うと逃げまどい、うろたえきわまっている其の中を……という意味に聞こえますから、ここはナカでなくてはいけないと思います。
T　そうだ〜、なか〜よく読んでいます。こゝは、ナカでなくてはなりません。
　　（こうして1児の読みぶりを聞くことによって各自の学習の告白、反省が次から次にと出る。）
P　一同　先生! 今日はもう何も質問することはありません。
T　質問することがない?……なか〜の勢いだね、では学習したことを言ってはどうだ?
P　一同　それよりか、先生! 何なりと尋ねてみてください。
　　ハイ、大丈夫です。
　　試してみて下さい。
　　（徹底的に学習―自己満足した時にはこうした態度に出ることが多い。）
T　それでは聞いてみよう、が、本当に大丈夫なのですか……

P　ハイ、大丈夫です。早く聞いてください！

P　先生！　私は一つたずねたいことがあります！　この課は獣類の移住の
　　仕方がいくつも書いてありますが、幾種類あるのでしょう……？
　　（言い終わらないのに）

P　ハイ、ハイ、〜、〜
　　［4種類、いや3種類と激しい討論になる、文中に返ってこの討論は、その
　　後最後まで、そして翌日の第2時間目の途中まで続く──引用者］

T　ちょっとお待ち！　そのことはしばらく後にして……今、両方（3種類
　　か4種類か──引用者）から挙げた例に誤りはないだろうね。

P　ありません！
　　（ときっぱりと異口同音、そして、さも私の言うことが意想外でもあ
　　るかのような顔つきで答えた。）

T　きっと、誤りはないと言うのか？

P　ハイ、ありません。

T　まあ、そんなに言わないで、もう一度気を静めて読んで見てはどうか、
　　それでもないというのなら、それまでだが……
　　（一同は再び沈黙にかえって読み始めた）

P　ハイ、いくら考えてもありません。

T　ない？　ないはずはない、一度こうと思い込むとなかなか他を省みる
　　余裕がなくなるものだがね……私のいうことを問題にして今一度考え
　　直し、読み直してみてはどうだ。

P　どこがわるいのです。
　　　先生！　言って見て下さい。

T　言うのは易しいが、まあ言わずにおこう。

P　やあ、あんなこと先生……。ちがったところなんかありもしないのに。

P　そうやは〜、わざとあんなこと言って、困らしょうかと思って……

T　そうじゃない、あるから言うのだ。

P　あるなら言って下さい。

T　……

P　それ？言えないでしょう。
　　（と笑いくずれる）

T　よし！言う！

P　早く言って下さい！

　　早く

　　早く

T　皆はないと言う、私はあるという。もしも、私のがほんとうだったら、どうする？　そんなことならあった……などとすぐ言うのだろう。

P　言いません。きっと言いません

　　言うものか。

T　よし！　それほどまでに無い！　と言いきるのなら私の言ふことをひっくり返すだけ言ひ通すことが出来るだろうね。

P　出来ます。

　　出来ます。

　　出来ます。

T　そう言わないで今一度考えなほしては……

P　そんな必要はありません。

T　いよ〳〵無いのか、……どうかして助けてやらうと優しく言えばいよ〳〵増長する、もう容赦はならぬ！　これだ！

　　［と、山路はその箇所を指摘する──引用者］

P　なぜです？

　　なぜです？

　　なぜ悪いんです？

　　（まるで熱狂してしまっている）

　　［その後、教師と子どもとの証拠を挙げての押し問答が続行──引用者］

T　愛想がつきた、皆には……もう、これ以上私からは何も言うまい。どちらがまちがっているか、は本気で読む人でなくてはわからない？

　　（山路「相互学習の実際（獣類の移住）」、『学習研究』第12号、121〜128頁）[6]

　　以上、ポイントを抜粋してきた。彼の子どもへの語りかけは、今日「ゆさぶり」ということばでイメージされてきた指導性を超えている。これでもか、これでもかという教師から子どもへの「挑発」、子どもの「なにくそ、負けてたまるか」という発奮を呼び起こす「煽り」とでも言えるような強さを

持っている。

挑発と発奮

なぜ、彼はこれほどまでに強く出ることができるのか。それは、

> I　従来の自己の指導法を「児童の生に逆らったものを与え」「求めもし
> ないものを与えていた」と総括し、（自然は自ら求めて成長するのに——
> 引用者）「私は与えて成長させようとしていた」（しかも、求めもしないも
> のを与えて……）と強く反省し、「教師から与えることを止そう」「求め
> るところを与えよう。しかも個人個人にだ」「発問も、応用も、練習も、
> 予習も、復習も、教師が発動的に作用していた全てのものは誤りであっ
> た」「過去のすべてを捨てゝしまほう」と決心し、「教えることは止し
> ます。求める人にのみ教えませう」（「学級経営案と学級経営」、140〜141頁）

と、1919年1月に宣言するに至ったからだ。山路は、従来型の指導観から
パラダイム転換していることが分かる。だが、教師側の突然のパラダイム転
換に子どもはとまどう。「永い伝統の因になっている児童はなかなか求めに
出てこない」という状況を打ち破っていく第二のアクションが、必要になっ
てくる。一人ひとりの子どもに、自ら求めてくる要求（＝「自要求」）を呼び
起こす環境づくりだ。山路と子ども双方のこの方向での「一ヶ月余の精進
は、（同年2月には——引用者）見事に奏功」する。つまり、先の教師からの
「挑発」「煽り」に通じるような激しい働きかけも、子どもの自要求を呼び
起こし、教師に教えを請わそうとする仕掛けだった、という解釈が成り立つ。
「50余の児童たちは、優も劣も（これまでの）個人々々に其の欲するところ、
求めるところを挙げて求めに来る」状況が生まれた。「優も劣も（これまで
の）」という表記からは、この新しい学習法なら、いわゆる優等、劣等とい
う振り分けも、分化もなくなる、という指導観を読み取ることができる。こ
の「優も劣も」とは、この時の子どもは同附小入学時無選抜であることを意
味する。
　「自要求」を呼び起こす環境づくりとは、「読方」教育の場合、山路の言葉
を借りれば、

Ⅱ　児童たちをして自ら要求し、自ら方法し、そして、存分に読むこと
　　を得しむるように、そして、自ら充分に自分の生活を助成し、生長を
　　覚醒し得るやうに、しなければならぬ。しかして、それには、「かうで
　　あろう」など、教師が机上に於いて作りあげたものではいかぬ。児童
　　の生活状況に食い入って、その生活や生長のもっとも自然なる法則に
　　よって作られねばならぬ。そして教師の指導がまたもっとも自然でな
　　んらの無理なき中に徹底するように工夫されなければならぬ。重ねて
　　いふと、児童も生き、教師も生き、そして、それが成長や指導の自然
　　法則に則らなければならぬことである（山路「学習行政としての読方学習
　　組織」、31 頁）。[7]

　山路がこの種の「児童も生き、教師も生きる」方法に至ったのは、普段か
ら児童に、

Ⅲ　「今日のおけいこはどうであった。よいと思ったところは……あんな
　　ことはいやだとおもったところは……」と毎時限の終り、其の日の終
　　業時に……問うていく。よりよく生きたい、よりよく自己を充実した
　　いと本能的に念願している児童たちは、私のこれらの問いに対して何
　　等の憚るところもなく、いたって和気藹々の裡に、めい〳〵が、思う
　　ところ、感ずるところを腹蔵なく、言ってくれたのである。私はそれ
　　によって方法をあらため、それを考案して、新しい指導法をかれらの
　　前に提供した結果だ（山路（「学習行政としての読方学習組織（承前）」、44
　　～ 45 頁）。[8]

　こうして教師は、完全に学習環境の一環になり切る。この教師の意図が
子どもに感得された時が「教児同行」の状態。この種の「カリキュラム観」
「反省的教師」（Schön, D. A. 1930 ～ 1997）の下では、「落ちこぼれ」や「劣等
生」も生まれてこない。「いやなところ」は、次の日には教師が改善してく
れるからである。子どもに対する教師の位置採りについて、山路は次のよう
に述べる。

Ⅳ

○　相互教育中に於ける私は、児童対児童と同等の地位にあるべきもの、相互学習の中の一人である。機に臨みて自己の意見、思想、感情を赤裸々に吐露して児童たちと共に参考資料を提供して児童たち及び自身の学習力の向上に関るものである。

○　（このような地位から教師は）児童と児童の間、社会と児童との間、学級との間、この間の交渉、関係を密ならしめ、又は、学習そのものに心の眼を開かせて、要求に、つぐに、要求、跳躍につぐに跳躍をなさしめる――つまり、動機につぐに動機を旺んならしめるものは一に教師の仕事でなくてはならぬ。個人々々の指導にめまぐるしい間はともかく……机間を巡り、児童たちの学習している場所を廻り――もっと機敏に――個人々々に指導しなくてはならぬ。躍動させねばならぬ。……私は……劣等児を忘却していた。この劣等児こそはこの時にはじめて、真に始動される時である。「児童が活動する場合は教師は退け」より以上の学習指導の真理は「児童が進歩すればするほど教師は発動せよ」にある。

○　（こうして教師が学習環境の一環となると）自然、教師というものの範囲観が前とはずっと異なってきた。銀行、店舗の番頭、工場の職人、郵便局員、陳列所の係員、代議士、市会議員、農夫、野菜売り、それら、社会に活動している全の人はかれらの良教師であった。神とも、万能とも目されていた教師観はかうして何の不自然もなくかはって来た（「学級経営案と学級経営」149 ～ 155 頁）。

　ここでは、「教師＝教える人、子ども＝学ぶ人」という感覚は微塵も感じられない。教師は、学習主体である児童が対峙する学習環境の一環になり切っている。その時、学習が芳しくない子への指導にも、目配りがなされている。「児童が進歩すればするほど教師は発動」して環境の一環になれというスタンスが彼の特徴。このような学習環境の下で、子どもたちが自要求に基づいて行う学習活動が山路の言う「合科」学習。「合科」学習を全うしようとすれば、ゲスト・スピーカーやゲスト・ティーチャーが自然に要請されるようになる。この自然さも１つの特徴。

そして、このような形で展開される「相互学習に自己の独自力を試す無限の躍動」を山路は、体感・体得していたものと推測される。教師と子どもが「学ぶ」という点で対等の立場になると、双方証拠を挙げて論争しても、決着がつかない場合すら生じてくる。それでよいのだ、と山路は考えていた。この点を、たとえば、山路は次のように結論づける。

　Ｖ　いずれにしても、教師は〳〵の立場を固守するのであり、子どもは
　　　子どもの考えを生きようとしてゆずらないのが、いな、固守し、ゆず
　　　りたくないのが、かうした場合の人情といふものでせうか。教師は児
　　　童よりえらいものだと信じきっています。子どもは、やはり教師をえ
　　　らいものと思っています。だから最後には児童の方がゆずり、ゆずら
　　　なければならない境遇に立ち至っているのがこれまでの指導法ではな
　　　かったでせうか。けれど教師の上には更により偉い超人というものが
　　　高いところから見ています。かゝる場合に対して苦笑していることは
　　　ないでせうか。教師是か、児童非か。こゝに得度したらすべての学習
　　　指導が今少し、成績を挙げることゝ思ひます（山路「読本巻五『私のう
　　　ち』に対する教師是か児童非か」、83頁）。[9]

　以上引用Ｉ～Ｖに、山路の指導法の特徴を見出すことができる。山路がねらうことの究極は、

　（こうして）児童の要求に応ずるとともに、児童たちをしてさかんに要
　求を起すやうなさしめなければならぬ。これが指導の一大努力を要する
　ところ、もっともすぐれた教師は児童をして最も多くの、そして、良質
　の要求を起こさしむるものである。要求の起こるようにみちびくにはど
　うするか、……一方に於いては「あゝ、この力があったら」とあこがれ
　しめ、一方に於いて「あゝ、自分にこの力があったら」と自奮するやう
　に導くことである。指導といへば何かを教えることのみのやうに解して
　いる人があるが大いなる誤りである。児童をして大いに要求を起こさし
　むる、これは最も重要なる指導である（「学習行政としての読方学習組織（承
　前）」54頁）。

これが、山路の指導観の核心。彼が子どもに対して、これでもか、これでもかという程の「挑発」をするのは、「あゝ、この力があったら」という憧れと「あゝ、自分にこの力があったら（できたのに、悔しい）」という自奮を起こさせるためであった。彼は、これを相互教育という場で巧みにつくり出している。普段一緒に生活し、学習しているあの子ができたという事実が、相互教育（＝学級授業）のなかで示されるなら、そこにいる子どもたちには、私にもその力があったら、という憧れや自奮の感情は容易に湧いてくる。

　この相互学習・学級授業が可能性として含みもつ効用を実践者である山路は、発見していた、と推測される。彼が実践者であるが故に、発見できた経験則ではなかろうか。

　それともう1つ、「もっともすぐれた教師は、児童をして最も多くの、そして、良質の要求を起こさしむる」という山路の文言「起こさしむる」は、及川の「なさしむる主義」（＝ learning by doing）の教育に通じる。と同時に、「良質の要求を起こさしむる」は、「学習材料は子どもがとる」に通じていることも確認できる。

　山路の論理で言えば、「落ちこぼれ」や「劣等生」が生じる責任は教師の側にある、と自覚しなければならないことになる。

算術の「落ちこぼし」

　山路自身は、次のように記している。当時も、なかなか算術は難しかったらしい。3分の2以上が落第点をとる、あるいは優等生と劣等生ばかりで中等児がいない、という学級が多々見受けられたらしい。これに対して、彼は、小山内薫（1881～1928）の「亭主」という一幕物の戯曲を例に出す。

　小山内は、明治末から大正・昭和初期に活躍した劇作家、演出家、批評家で築地小劇場を創立してわが国の演劇界の革新に尽力した人物。「亭主」の登場人物は、源次─自由労働者（＝今日の日雇い労働者──引用者）、34歳。お糸─その妻、30歳。お君─その娘、10歳。三吉─自由労働者、32歳。場所は吉原付近。時代は現今。舞台は（関東大）震災後のバラック建。そこら中に干し物がしてある。手製の竈が家外の土間に据えてある。精々3畳と4畳ぐらいしかない所へ、薄縁（ウスベリ）の汚いのが2枚敷いてある。下手にお糸が座っ

て、せっせとマニラ麻をつないでいる（編籠か、帯などを製作——引用者）。上手にはお君がビール箱を台にして、学校の復習をしている。……初夏の夕暮れ。

　　山路の論文では、ここから引用。

お君　（声を出して読む）「アル家デ9斗ノ米ヲ36日ノ間ニタベタ。スルト1日ニイクラヅツタベタデセウ。」（ちっとも考えずに、直ぐ顔を挙げる）おっかあ、いくらだらう。

お糸　おいらにそんなことが分かるもんか。お前、学校で教はって来たんだらう。

お君　だけど、あたい分からないんだよ。教わったんだけれど、9斗の米ってのが、あたいにはよく分からないだよ。

お糸　9斗の米ったら、お前大変だ。内なら1年ぐれえあらあ。

お君　だけど、それを36日で食べたんだとさ。

お糸　おっそろしく食やがったな、よつぽど人数が多いんだろう。

お君　だから、1日にいくら食べたんだらう。

お糸　分からねえよ、おいらにや。自分で考へるが好いぢゃねえか。くそ面白くもねえ。9斗の米をたった1月で食っちまうなんて。

お君　（諦めて、又次を読む）「1円デ2升5合ノ米ハ5円デイクラ買ヘマスカ」（又直ぐ母親の方を見る）おっかあ、いくら買へるだろう。

お糸　うるせえなあ。何だい。

お君　1円で2升5合なんだとさ、そのお米が5円でいくら買へるって言ふのさ。

お糸　知らねえよ。おいら5円なんてお米を買ったことはねえから。（糸をつなぎながら）ふんとに厭なことばかり教へやがるんだな。学校ってところは。

お君　でも、これは算術のお稽古だから仕方がないよ。

お糸　何のお稽古だか知らねえが、もう少し役に立つことを教へやがら好いぢゃねえか。（独言のように）5円でいくら買へるなんて。それよりやあ10銭でいくら来るか教へて貰ふ方が好いや。

お君　（又次を読む）「30日間ニ42円トル人ガ4日休ミマシタ。スルトイ

クラトリマスカ」

お君　（どなる）もうよさねえか。お君。ふんとに気の悪いことばかり書いてある本だな。そんな本はうっちゃつちまへよ。42円だなんて聞いただけでも気持が悪くならあ。42円取れりゃ、4日や5日休んだって何だ。

お君　（本をふせて、母親の側へ来る）おっかあ、何そんなに怒ってるんだ。おいら勉強してるんぢゃねえか。

お糸　勉強なんかしねえでも好いよ。それよりか早く辻占いでも売りに行きねえ。

お君　ああ。だけど、おまんま食べないと、おなかがすくもの。

　　　　　　　　　…後　　略…

　　　（『小山内薫戯曲全集第一巻』春陽堂、1927年、2〜5頁参照）

以上を引用した後、以下のようなコメントを山路は付けている。

算術教育者よ。このお君の
　「（ちっとも考へずに、直ぐ顔を挙げて）おっかあ、いくらだらう。」
　「（又、直ぐ母親の方を見て）おっかあ、いくら買へるだらう。」
を何と見ます？　又、
　「教はったんだけど9斗の米つてのが、あたいにはよく分らないんだよ。」
を何と見ます？
　「これは算術のおけいこだから仕方がないよ。」
と投げ出しているのを何と見ます？　算術の教育者よ。さらには母親お糸の、
　「9斗の米ったらお前大変だ。内なら1年ぐれえあらあ。」
　「くそ、面白くもねえ。9斗の米をたった1月で食っちまうなんて。」
　「知らねえよ。おいら5円なんてお米買ったことはねえから。」
を何と思います？
　「ふんとに、厭なことばかり教へやがるんだね。学校ってえところは。」
　「もう少し役に立つことを教へやがりや好いじゃねえか。5円でいくら

買へるなんて、それよりゃ 10 銭でいくら来るか教へて貰う方が好いや。」

「もう、よさねえか。ふんとに気の悪いことばかり書いてある本だな。そんな本うっちゃっちまへよ。42 円だなんて。聞いただけでも気持がわるくならあ。45 円取れりゃ、4 日や 5 日休んだって何だ。」を何と聞きます？

算術教育者よ。

これは、たゞに、棟割長屋の貧民窟ばかりが専有する話ではありません。お君のやうな子、お糸のやうな親はあなたのお手もとにざらにあるはずです。お君の言、お糸の言に、もしも、あなたにグ―の音が出、あなたが、目を白黒させなければあなたは無神経者なのです（山路「算術教育者よ（国語教育者から）」、262 〜 264 頁）。[10]

筆者から少し補足説明しておく。「亭主」の台本では、お糸の家族は、棟割長屋の借家住い。夫は日雇い労働者。彼らの日当は、1.6 円、白米 1 升 42 銭、うどん 1 杯 8 〜 10 銭。夫は職を求めて県外に出ているが、1 銭も家には金を送らない。仕方なくお糸は、麻糸で編物の内職をし、お君のおみくじ売り、そこへ転がり込んでいる夫の友人が払う家賃と賄代で家計をやりくりしている。「（これは）棟割長屋の貧民窟ばかりが専有する話ではありません。……あなたのお手もとにざらにあるはず」という山路の言は、彼が同附小へ着任した時に出会った子どもたちの中にも「ざらにある」ことを意味する、と筆者は解釈している。

さて、一幕物のこの芝居で山路が引用している箇所は、芝居でいう「つかみ」の部分。教育関係者であるか否かには関係なく、一般観客にとって強いインパクトを与えるものとして、小山内はこれを持ってきた。それが意味するものは何か、筆者は考えさせられた。別言すれば、当時の国定算術教科書――いわゆる「黒表紙」教科書――の弱点を暴き出した作家小山内薫の批判眼が私たちに知らせたかったものは何か、という問題である。

なるほど先の台詞には、「米」とか「給料」という言葉は出てくる。しかし同じ米や給料でも、子どもたちが住んでいる「世界」によってそれはちがう、という事実に教師は気づいているか、という問題である。「9 斗の米ってのが、あたいにはよくわからないんだよ」とお糸は言っている。世の教師

たちよ、これをわかってやるのが教師の務めではないか、というのが小山内の批判である。

　庶民が好むうどんやそばが1杯10銭、大工の日取りが2円、日雇い労働者の日当が1.6円ぐらいである時代なら、お君やお糸が日常使っている10銭単位で、米なら白米ではなくもっと安いせいぜい1円単位のものを使った文章題に代えなければ、という教師の授業構想力の問題、と筆者は解釈している。「米」や「給料」という言葉を持ち出せば、それがすぐ子どもにとって容易にイメージできるとはかぎらない。同じ「米」や「給料」という言葉でも、階層によってそれはまるで「世界」がちがう。私が教えている子どもはどちらの「世界」に住んでいるのかという事実を見極めることができる教師、を山路も望んでいた。だから、山路は先の戯曲を引用したのではないか。これが、筆者の解釈。

　算術の応用問題（＝文章題）を取り扱う場合の注意点に関しては、すでに同僚の清水甚吾（1884〜1960）が『実験算術教授法精義』（目黒書店、1917年）で以下のように注意を促している。

　　応用問題の事実数量の実際的でないものは之を訂正して取扱ひ、又適宜構成して補充することが必要である（同、293頁）。

　清水の注意は、先に筆者が付けた補足説明と通底していることが分かろう。これは算術の応用問題だけでなく、どの教科であれ、授業をする際には、教師は、教科書を眼前の子どもに合わせて不断に解釈し直し続ける──真の意味での「児童化」、場合によっては自作の教材で補充する、という授業構想力の問題、と筆者は考えている。

　子どもにとっての「わかりやすさ」に関わっては、次節でもう1つ山路のスタンスがうかがえる例を示す予定。その前に、上述してきた山路の相互学習に関して、ぜひ付言しておきたいことがある。相互学習では、学級全員の子どもが全員発言して収拾がつかないくらいやかましいのではないかと想像されるが、実際には、山路は常に全員に発言を要求していない。無言であっても、その授業に立派に参加できる、と彼は考えていた。彼は言う。

相互学習といへば必ず「一言なかるべからず」と考えられている。すなわち相互学習即相互発言とされているのが今日の普通一般のやうである。しかし、われ〳〵の実生活上の相互学習は必ずしも有言のみに限っていない。「心あれば目は口ほどにものを言ひ。」これはりっぱな無言の相互学習である。

　一体、相互学習の効果は自分がその環境と結んでいた無事静観な関係に変動を起こさしめんとする状態にまで誘致することにある。自己建設の誘因として効果を有つのである。であるから、この状態に導く自己以外のものとの交渉はそれが相互に発言すると否とにかゝはらず、すべて相互学習である（山路「相互学習と生活事実」）。[11]

　ここにうかがわれる山路の複眼的な構え、答えられなくても恥ずかしくない、「わかりません」と言っても認められる教室の雰囲気なら、どの教科であれ、「落ちこぼれ」や「劣等生」は生じてこないのもうなずけよう。

第2節◉独自学習と教師の指導性

個別指導の重視

「個別指導は教育改造の母である」ということを出発点にしている山路が、自己生長の核である独自学習を重視するのは当然である。彼が描く「自己生長の教育」とは、

　児童自身が独自に自己を教育して生長することである。したがって、行き詰ったと感ずるのは教師でなく児童でなくてはならぬ。其の活路を見出すといふことも自己生長であり、見出した活路によって進むことも自己生長である。自己生長の教育とはどこまでも自己生長の路を工夫し、創造するに至らしめなければならぬ。この児童の工夫創作したところの活路、それが、たゞちに教師としての私の学習組織法であり、教授法なのである。教授といひ、指導といふものが児童のための仕事である以上、どうしても

これは真であらねばならぬ（山路「辞書を活用するまで」、89頁）。[12]

　ここに、彼が、子どもに対してこれでもかこれでもかという「挑発」を加えていく真の理由がある。教師からの「挑発」は、子どもを［行き詰まりの状態に追い込む⇒そして自要求を呼び起こさせる⇒自己生長をもたらす］ための指導。山路が、成長を「生長」と表記する理由もここにある。「生長」は、一般には植物などの発育を意味する。山路の場合、子どもは教師の挑発を受けて自ら発育するという点を強調したかったからではないか、と筆者は解釈している。山路はこの指導を貫徹するために、自分の方から積極的に児童に聴く姿勢をとる。すなわち、

　　児童に聴き、児童に求められ、児童に訂正され、児童に建設されて児童に施すのである。幼稚な児童、それが計画したことが教授法、それは教授法を堕落せしむる所以ではないか。その危惧は無用である。いやしくもわれわれは児童の生活にたえ得べき教師である。修養もすれば向上もし、理想も構成しつゝある。ふだんに生々の気、それが児童の生ゝの気と協同したところ、そこにほんとの指導法——教授法が生まれる。ここは呼吸である。以心伝心である。意気の投合である（同上、同頁）。

　授業のなかでの山路と子どもとのやり取りが、非常にダイナミックでリズミカルである根拠は、双方の間のこの「呼吸」「以心伝心」の境に、幼稚な児童からも教わるという教師のこの構えに、タクトと呼べるこの機敏さに、あるのではなかろうか。次節で触れるが、彼は入学間もない1年生の子どもからも教えてもらった、という経験を多々している。
　それともう1つ、山路の指導で見逃してはならないのは、子どもに自要求を呼び起こさせるために教師が性急に結論づけないで、常に複眼的に子どもを見守っていることだ。彼は、子どもにたっぷりとそれぞれ自分の道を歩ませ、そして「行き詰る」ことまで経験させ切っている。途中で、教師の方から、つまずくことに先回りして与えてやろうという「親切」を決して採らない姿勢を頑固に貫く。だから、

お粗末な一夜作りみたやうなものを購入しているものも出てきた。「先生、あんなもの見てよろしいか」こんな質問がたびたび発せらるゝ。どうせ、止めたところで止まるものではないことを経験している私は何らの制限も加えなかった（同91頁）。

　安直な子ども用参考書を丸写しして、あるいは辞書を鵜呑みにして、自分は分かったつもりで、満足し、相互教育の場に意気揚々と発表すれば、直ぐに仲間から「それはおかしい!」とやり込められる。それに対して反論するが、自分がよって立つ根拠が貧弱なため、その子は「行き詰る」という場面がつくり出される。そうすることで、教師の思いが遂げられる、という指導法を彼は身に付けていたにちがいない。以下の引用Ⅰ〜Ⅳが、それを実証してくれよう。

Ⅰ　（ある子が「道を行くにも船車に乗るにも旅館に宿まるにも自から公衆に対する礼儀あり」のところで）自からをオノズカラとお読みになった。私はこれをオノズカラと読むのかミズカラと読むのかと迷いましたのでいろいろ考えた末、ミズカラでなくてはならぬと思っていましたが……（これが討論になって、結局自分の読み方が間違っていたことに気づき――引用者）この課はかうして最初の読みから失敗しました。「こんなことがあるから念を入れて調べていなければならない。なぜ、もう少し落ち着いて考えておかなかったろう字引も参考書もたくさんある。相談すれば先生は何でも聞いてくださるのに……」と残念でたまりません。この後はこんな手落ちのないようにしようと決心しました。（という作文に対して山路は――引用者）辞書の鵜呑みから脱する経路はこれである。即ち独自教育の眼が相互教育によって開かれるのである。独自と相互両者はかうして相扶けつゝ、すべての自己を独自に生長させるのである（山路「辞書を活用するまで（二）」、94〜95頁）。[13]

Ⅱ　辞書の鵜呑みに終わってはならないということに目覚めた此の児童は、まず読本文章について考へ、次に辞書について考え、更に読本文書について考へ、――そこにはいつも自分の頭をはたらかせて、読みくらべ、考へ比べて、自分というものを創り出さうと思ふようになっ

たのである。

Ⅲ 「先生、これはどちらがよいのですか、こちらはかうこちらにはかう書いてありますが」辞書を使っている者からも、自習書をつかっている者からも、又両者を併用している者からも、こんな相談が持ち出されてきた。「これはおもしろい、しかし、こちらがよいと教ふべきものではない。」刹那に私の頭にはこんな決心が閃いた。「まあ、考えてみるさ、どちらがよいかを……」児童はこゝに於いて頭を働かせねばならぬ。

Ⅳ （児童の作文）（先生は）「よく、考えました。それです ⌒ 」と嬉しそうに言って下さいました。その時は飛び上がりたいやうに嬉しうございました。苦心した後、先生やお友達のおっしゃるのと自分の考えとが同じであったり、先生が「私もそこまでは考えてなかった。」とおっしゃる時は躍り上がりたいやうになります（同、86～88頁参照）。

これらⅠ～Ⅳを見ると、彼は、子どもを「指さし（＝方向づけ）」し、「やる気」を持たせることにも長けていたことが見えてくる。子どもに「やる気」を持たせるために、彼は巧みに「私もそこまでは考えてなかった」と評価する。このように評価されて喜ばない子どもはいないはず。この辺の子ども心理も、彼はつかんでいたものと思われる。この種のタクトは、教科を超え時代を超えて、今日にも通用する指導原則であろう。

「やる気」のタクト

子どものこの「やる気」を呼び起こす指導の機敏について、もう少し考察しておこう。1つの典型例を挙げれば、

（読本で、敵に包囲されている城内に張られた）「縄の鈴はしきりに鳴る……なぜしきりに鳴るのか、このことを書いたものはありませんか」と相談に来る。「あの本を読め、勝頼のことがくわしく書いてある」とこれだけを言ったものである。かれらはその書物を取って自席にかへる。けれど「縄の鈴の鳴る」わけは書いてない。「先生！どの書物を見ても書いてありません。」こんなことが続々訴えられて来る。こんどこそ、よい機会だ！

かう思って私は級児全体の学習を中止させて、「縄の鈴の鳴ったわけ、……これが一人でもわからないものがあったら、この課の一緒のおけいこはいつまでもはじめないことにしよう！」となかば暴君の態度を以って宣言した。「でも先生！どの書物にも書いてありませんもの……」かうした言葉が方々から出てくる。「書いてある！どの書物にも書いてある！」私の態度はどこまでも厳然たるものであった。……10分、15分。1人として相談に来ようとするものはない。1児が勢ばんで走ってきた。……「さうだ、そうだ、あなたはすっかりわかった！」この児はいそ〰として席にかへらうとしている。
「さぁ、どうです？皆さん、わかりましたか。」
「いゝえ」
「〇〇さん、すっかりわかってるよ」
「何にありました！先生！〇〇さん！」と口々に
「これさ」
「やあ、読本に書いてある……」
と彼らは読本を読み始めた。やがて1人2人と相次いで押し寄せてくる。……何分間かたったけれど、まだわからないものが14、5人。さう困らすばかりでもと思って「教わりたい人はお出で……」（山路「無より出で々無に帰る」、142〜144頁参照）。[14]

と呼び出して、普段なら最初に発見した子どもに説明させるところを、今回は教師が代わって徹底的に教えている。ここからは、山路が、

① 相互⇔独自学習の相乗作用というか、それがかもし出す雰囲気を巧みに活用しながら子どもへ「ゆさぶり」をかけ、
② 子どもの「発奮」「やる気」を引き出している、
③ そして子どもが自分で探求し、発見していく核の部分を彼らに任せながら「やる気」を引き出している、
④ さらに、「わかりの遅い」子に対しても丁寧なフォローをしている、

ことが分かる。今も昔も、実際の授業で課題になるのは、この①〜④を

セットにした上で、眼前の子どもに、自分で発見し、探求していく部分を任せるその範囲を（山路のように「こんどこそよい機会だ！」と）即座に決定していくタクトであろう。

強力な「自要求」

　この種のタクトが機能する前提の１つが、子どもにどれだけ強力な自要求を起こさせることができるかということ、と山路は考えていたのではないか。筆者に、そう推測させる彼の言葉を引用しておく。

　Ⅰ　学習に要する参考物などはつとめて私から蒐めてやっていた。これ位のものは必要だ、こんなものを与へたら喜ぶだらうと、私はそうしてやることが親切でもある。愛であると思惟していたから。ところが愛であり、親切であると教師が思惟していたことのすべては、むしろ、児童のためにはさうではなかった。かれらは、こんなものはないか、こんなことは何を見たらわかるか、どこにあるか、と自ら求め自ら探さうことを欲していた。自ら求め、自ら探している間に、かれら自身に学習の快味を味はっているのであった。

　Ⅱ　（こうなってくると、だから国語においても）かれらは要求の満足のために、興味の満足のために、自ら求めて多読するようになった。

　Ⅲ　各自は自己に要求し自己に疑問して自己に解決し自己に満足を獲る手段方法をとって自己満足に至るものである。

　Ⅳ　（ここまでの状態になれば教師は）かれらの学習動機の鼓舞者でありたい（「学級経営案と学級経営」、142〜144頁参照）。

　上述のような山路の指導観は、彼が授業を批評する際にも当然貫かれる。授業の良し悪しを批評する観点として、児童の活動状態が、

　　自らの要求に出発しているか
　　自ら解決すべく努力的であるか
　　歓喜に満ちたる活動状態であるか
　　何者か歩一歩と創造されつつあるか

自主的であるか、

（塚本清・山路兵一・清水甚吾他共著『学習指導各科批評真髄』、85頁）[15]

　という観点から批評していく必要がある、と山路は考えていた。彼は、子どもたち一人ひとりに［自要求→自探求→自己満足］の学習過程を踏ませ、自分でもうこれ以上の満足はないという状態の子どもたちに、「それはちがう！」「まだまだ駄目だ！」という抵抗体をタイムリーに教師の方から課していく。この抵抗体の提示が、子どもには「そんなはずはない！」「先生の方がおかしい！」という「発奮」を呼び起こし、強引な教師に反発する気持ちでその抵抗体の克服を自要求にしていく、という次の学習サイクルが展開されていく。このような指導を理想としていたのではないか。

　ここには、子どもに個別学習を要求し、それを保障していくためにこそ、教師は発動的にならねばならないという弁証法がうかがえる。この弁証法の鍵は、教師が教えたいことは、決して教師の方からは教えない、子ども一人ひとりに自らつかみ取らせるという原則。換言すれば、教師の教えたいものを子どもにつかませるには、どの角度、側面から、児童と児童をつなぐ、社会と児童をつなぐ、学級とつなぐ、物とつなぐ形で実行すればよいか、という風に教師の働きかけをこの「つなぐ」ことに徹する必要がある。教師が、この原則に徹すれば、たとえ子どもが尋常1年生であっても、予想以上の能力を発揮し、格段に高いレベルにまで学習活動を進展させることができる、ということを山路は実証してくれている。次にこの問題に移ろう。その前に、ここで本節のまとめをしておこう。

　山路が試みたこの学習法は、約1ヶ月後には本格的に機能するようになる。子どもは、正に主体的に自ら先生や仲間に尋ね出す。「ここが知りたい」と自要求を教師にぶっつけてくるようになる。こうして、読本の進度等も自分で決める。すると学期を超え、学年を超え出て進む子どもも現れてくる。子どもの学びが主体的になってきた証拠、である。

　それともう1つ、彼は上司の指示によって授業法を改革したのではない。附小に着任以降8ヶ月ほど苦しみに苦しんだなかで、『児童の世紀』に出会い、自分が心底納得する学習法に自らたどり着いた。その1918年〜1920年

間の授業実践をまとめたものが、1921（大正10）年に彼が目黒書店から出した『学校経営を背景とせる読み方の自由教育』。かくして、彼の授業法の改革は、国定教科書によって縛られている進度をはるかに超える教育内容に、子どもが主体的に取り組んでいく学びを生み出すことに成功していることにも、注目したい。[授業方法の改革⇒教育内容の改革]へのベクトルは、教師がこうして実践主体になることによって生じることが確認できるからである。

第3節●尋1の指導は遊びの善導

学校と家庭をつなぐ

　山路は、尋常1年生を担任するにあたって、従来の教育は、子どもの生活から乖離していた。「その指導が、その教育法が子どもたちの生活に即していなかった。子どもたちの生活を蹂躙して、教師の理想とする所に引きつけ、教師の思惟するところのみを、教師の知っているところのみを、教師の為しあたふ範囲のことのみを無理強ひに移し植えようとし、為さしめようとしたからである。つまり、教師その人のもつ世界にのみ子どもたちの世界を一致させようとし」ていたことを反省することから出発する。この反省から出発することが、従来の教育指導の下で「児童は溢れるような想像力をもっていながら、一旦学校に入るとその想像力は漏斗に押し入れられて、だん〳〵狭い、小さい、暗い、管の中を進まねばならぬ。かくして5年6年、ついに今日の状態となる」状況から脱することができる、と考えていた（山路『遊びの善導尋一の学級経営』、22頁）。[16] だから彼は、1年生を担任する際に、

　　4月1日は3月31日の継続である。したがって入学後のかれらの生活も当然入学前のかれらの生活の継続でなければならない。これを考慮しないでは、たとひそれがいかようにりっぱな経営であろうと、砂上の楼閣に等しいもので尋1児としての真の教育が出来得ようはずはない（同書、28頁）。

と、記す。4月1日を入学前の3月31日と継続させるとは、小学校入学後も、児童に「入学前の生活そのまゝの生活をさせる」こと、つまり「学校を家庭化する」こと。そして、学校での子どもの活動に「環境―自発―自要求―総合活動―満足」の過程を採らせるべきだ、と判断する。ここで言う自発活動とは、

　　自発のあるところ必ず自由が存在し、
　　自発のあるところその活動は必ず全我的であり、
　　自発の存するところその活動は必ず総合的であり、
　　そして自発のあるところその活動は歓喜的である（同書、53頁）。

　山路が言う「自由自発全我総合は、遊びの根底」をなすもの。彼が、尋1（そして尋2）の指導は「遊びの善導」、と主張する根拠がここにある。教師の足場の採り方から、「遊びの善導」に、もう少し突っ込むと、

　　遊びによる教師の教育は環境に対して営む児童の生長活動を、最も自然的にならしむる。したがって、教材を教えるのではなくて、生活を助成指導する。児童の意思を変改する外的強要の直接指導をとるのではなくて、自らも同じ環境中にあって彼らの伴侶であり、相談相手であり、生長活動に刺激をつかませる間接指導者である（同書、128頁）。

　この指導観と前節までのそれとを比べてみると、何の違和感もない。尋常1年であろうが、6年、さらには高等科の子どもに対しても、山路は、一貫した指導観を貫いていることが分かる。その核心は、「（子どもが）要求するところに指導は生きる」である。だから、「要求を起こすように、又要求を高めていくように」することが教師の仕事になる。尋1の子どもにとって、山路の学級での学習は入学以前の生活の延長＝遊びであるから、この種の指導を教師がいくら強力に発動しても、子どもには少しも強制とは映らない。子どもに強制と映った途端にそれは、遊びではなくなる。これが、前節で触れた彼の指導の弁証法。
　これに関連して彼が構想していた「合科」の中身も、明らかになってくる。

山路は、「合科学習とは、生活そのまゝを生活すること」と明言する（同書、69頁）。彼がイメージする「合科学習」は、子どもの生活との連続性を命とする学習であることが分かる。

　ここから、以下の2点が出てくる。

　1つは、「劣等児」のとらえ方。何が「劣等」であるのか、何と比べて「劣等」であるかの尺度が、従来は国定教科書だった。ところが、子どもが「生活そのまゝを生活する」ことが学習であるなら、その尺度はどうなるか。「個人々々に生活させる以上は、標準はどこまでもその個人でなければならぬ」ことになる。彼は、子どもを劣等とラベリングすることに反対し、次のように述べる。

　　よしんば劣を見分けることを許すとしてもそこには陥り易い大いなる弊がある事を知っておかねばならぬ。それは教師の人情として、（従来の教師中心の）一度劣なるもの後れているものを見つけると、多くはこの児は後れている、これではならぬと其の児童から、その児童の生活を奪ひとって、教師から後れていると見とめたところのものを与えて無理強いにそれを学習させようとする。あわれやその児は自己の生活を持ちながら、自己の生活をすることが出来ない。生活することによってこそ生活の発展はある。それを奪ひとられて……そこにのこるものは後れたるものがいよ〳〵後れ、劣れるものがいよ〳〵劣るということのみである。真摯なる生活をするところ、個性にしたがって生活するところ、そこには優劣等の差はない（同書、117〜118頁）。

　2つ目は、子どもの生活それ自体をさせるという観点から、当時の国定教科書を見るとどうなるか。尋常1〜2年の読本では、「『ハナ』の2文字に2時間、2日を費やさねばならない。」こんな生活が一体どこにあるか、と山路は怒る。教科書通りこんな生気のない学習を強要するから、子どもは学習を嫌がるようになる、作らなくてもよい劣等生も出てくる、というのが彼の考え方。そして、自分への反省も込めて、「教科書の対象は子どもであるなど漠然たることではならぬ。子どもの生活そのものが私どもの指導の対象でなければなりません」と明言する（山路「『遊びの善導』から『分科としての国

語の学習指導』まで」、97頁）。[17]

「授業日記」

　遊びの善導をモットーにする山路自身の学級では、子どもたちの生長具合はいかなるものであったか、調べてみたくなる。彼の日記を見ると、入学当初は子どものパワーに振り回されながらも、直ぐに彼らに対して反撃に出る。授業開始3日目、カバンなど持ち物の整理ができていないことに対して、彼は日曜日にわざわざ学校へ行き、各自の腰掛の下に棚を取りつける。そして黒板に、

　□　コシカケ　ノ　シタ　ニ　カバン　ガ　オカレルヨウ　ニ　タナ
　　ヲ　ツケマシタ、コレカラ　ソコ　ニ　オシマイ　ナサイ。

と、書いておく。翌月曜日、教室へ入り、昨日の板書を読んだかと聞いてみるが、1人も読んだ者がいない。「ここに書いてある字読めますか」と尋ねると、二塚のニや、喜多野のキがある。絹子のキだ、と1文字ずつ読み上げている、という状態。五十音図を高唱しつつ書き取らせてみると、はじめから書けない子が7人、アイウあたりまで書いて止めたものが6人というのが実態である。

　国定教科書国語読本では、カタカナを第1学年で、ひらがなを第2学年の終わりまでに、という配列である。山路の場合、子どもに先のような遊びの善導をすることで、すでに第1学年の6月上旬にカタカナ文を自由に読み、自由に綴れるようになり、夏休み前に、ひらがな文を自由に書き、自由に読むようになった児が級児の3分の2以上。そして、9月中には全員がひらがなの読み書きを自由にこなすようになっている（山路「『遊びの善導』から『分科としての国語学習指導』まで」、66頁）。[18]

　もちろん、これは山路が従来のような「指導」をした結果ではない。子ども自身が、自分の生活＝遊びを存分にする。そこで湧き出てきたアイディア、イメージを彼らが夫々自分で書けるたどたどしい綴りで小黒板に書く、それを教師がみんなに紹介していくという「指導」の結果。「かうして、書いたもの、読んだものは、教師が紹介係を承って、みんなの前に紹介してや

（る）」という教師の仕事の結果である。この間の事情を彼は次のように記す。

　　自分のしたことを発表した、人から批評を受けた、人の発表するもの
　を聞いた、見た。かうして、子どもたちは眼を開かれて、自分のをよく
　しようとし、自分のしたいと思ふことの範囲をだん〳〵拡張し本を読む
　ようにもなれば、綴方も書くやうになります。進んで発表する気にもなり、
　発表の方法も会得するやうになります。おなじ、読むものでも、書くも
　のでも、その題材の範囲が広がると同時に、その内容も充実して来ます。
　読もうとする心、綴ろうとする心、書こうとする心、話そうとする心が
　だん〳〵高まって来ます。そこに、又、教師の善導が行はれるわけです
　（山路、「『遊びの善導』から『分科としての国語学習指導』まで（二）」、40頁）。[19]

　同様の指導法は、算術においても貫かれる。彼の尋1の日記から2例だけ
引いておく。

〔例1　5月2日〕
　学習ノートの代は23銭である。それに25銭30銭50銭など持ってき
たものが多い。「おつりはいくらか」と聞いても答えるものがいない。大
勢が同時に押しかけているから、こんな児童のは何度聞いても、「おつり
がわからなければ後回し」で受け取らなかった。すると、中には考え出
して、「おつりはこれだけ」と言ってきたものは受け付けた。後のものは
1日かゝって、やっとおつりを算出した。そこでみんなに向かって25銭
なら、30銭なら、50銭ならおつりはいくらかを考えさせると引き算を発
見した。生活は分科を利用するものである。「おつりがわからなければ受
け取ってもらへぬ」おつりを算出することはかれらの熱烈な要求である
（『遊びの善導と尋一の学級経営』、219 〜 220頁）。

〔例2　7月1日〕　　　　　　　　　　　　　　　　10 − 10 ＝ 0
辻本が50銭を持って学習ノートを買いに来た。　　10 − 10 ＝ 0
お釣りはいくらかと聞かれてすぐ席にかへって、　　10 −　3 ＝ 7
ノートに　　　　　　　　　　　　　　　　　　　　　　　　10
　　　　　　　　　　　　　　　　　　　　　　　　　　　　10

として 27 銭を得た。その工夫した点を紹介（同書、268 頁）。

　第 1 学年の 2 学期になると、算術も家庭生活を題材とするものが多くなって、子どもたちは自然とかけ算やわり算も使えるようになってくる。それに、戯曲「亭主」を引き合いに出した山路らしく、1 年生の 1 学期の子どもに、自分が購入するノート代のおつりを計算できたものにしか買わせないという「挑発」をかけることで、引き算を発見することに挑戦させている。1 学期でここまで進むと、2 学期には子どもがかけ算やわり算を実際に使えるようになってくる、という事実をつくり出している。

　この学習進度は、今日から見ても、驚異的な速さだ。それが可能になった理由は、何か。すでに明らかなように、このようにして子どもが加減乗除全ての算法の必要を感ずるようにまでもっていった山路の環境整備の基底には、子どもの生活との連続性、そこで発揮される教師の指導の自然性である。この連続性と自然性がなければ、子ども一人ひとりの自要求を引き起こすことは不可能、と筆者は考えている。

　就学前の生活との連続性が、入学後の「学校を家庭化すること」で貫かれ、そしてこの連続性は、教師の頭の中では、尋常小学 6 年、さらには高等小学 2 年まで関連づけて考えられている——これが、彼が構想していた遊びの善導である（同書、143 〜 147 頁参照）。こうした連続性と指導の自然性を基にしてはじめて、彼の「合科学習」が成立している、と筆者は解釈している。

おわりに

　以上、山路の「合科」学習を検討してきた。その特徴は、学習活動の連続性、その結果として、子どもに映る教師の指導の自然性、である。

　彼は、「教師から与えることを止めて、子どもの求めるところを与えよう」とした。そうすると、子どもに「行き詰った」と感じさせ、その行き詰まりを解きたいという「自要求」を起こさせることが、教師の仕事なってくる。別言すれば、子どもに「あゝ、この力があったら」と憧れさせ、「あゝ、自分にこの力があったら」と自奮させることが教師の仕事になる。その仕事の中身は、子どもを「行き詰まり」の状態に追い込んで、［自要求→自探求→自己満足］の活動を起こさせること。これを、山路は［環境—自発—自要求

―総合活動―満足]とも記している。ここに出てくる「総合活動」が、彼の言う「合科学習」の内実。ということは、彼の場合、「合科学習」の中身は子どもが自分で決める、ということになる。

　児童をして大いに要求を起こさせ、「躍動」させる——これが教師の最も重要な指導、と山路は考えていた。彼の授業での子どもの躍動感は、「子どもの生活そのものが……指導の対象」——ノート代のおつりの計算——になっているからに他ならない。指導の対象が、子どもの生活そのもの（＝ノート代のおつりの計算）になると、子どもの活動対象は、教室を超え、自ずと学校の枠を超えて拡大していく。そこに関わる人間も授業者を超え、学校の全教職員を超えて、自ずと地域や社会の人々にまで拡大していく。この自然性と連続性が、彼の「合科学習」の特色、とまとめることができる。かくして、眼前の子どもが第一義で、教科書は第二義的な意味しか持たなくなる。

　この種の学習活動が、山路1人ではなく、後述する清水甚吾ら附小全体で、しかも木下主事着任前から行われていた。その上、当時の児童は、奈良市内の一般学区の小学校と同様当該学区からの無試験入学であった。入学試験が実施されるようになったのは、木下主事着任後の1921（大正10）年度から。[20] 以上のことを鑑みると、この実践のスケールは、デューイがシカゴ実験学校で試みたそれに勝るとも劣らないものではないか、と筆者は密かに考えている。

第4節◉学級で授業するということ

北澤種一の学級指導論

　おわり として、大正新教育期に授業改革さらには教育改革に専念した代表的な実践的研究者の一人東京女高師附小主事北澤種一（1880 ～ 1931）の『学級経営原論』を主な手がかりとして論じてみたい。同書の出版は1927年だが、「序」には、1925年8月1日の児童教育研究会夏季講習会での講演録を基にした、と断り書きがある。同時代人が先の山路らの授業実践とカリ

キュラム改革をどう観ていたかが確認できる格好の史資料、という判断は許されるであろう。

　すでに明らかなように、大正期になると、学級で授業をすることが当たり前の前提になる。学級で授業をするとは、一体どういうことなのか、ということを念頭において授業実践が展開され、諸言説が出現してきたのが特徴であった。

　北澤は、当時の学級授業を次のように批判する。

　　恰もラジオの放送のように多数が同時に同一の放送を聴いてはいるが、聴衆同志の相互の間には何等の交通もない。また放送者に対して反問することも許されないのが即ち一斉教授の場としての教室であった。[21]

　この批判は、学級で教授するという形態に向けられているのではない。それは、学級という集団で授業をしながら、「子ども同志」の間に「何等の交通」もない授業の在り方に、そして教師に「反問することも許されない」授業の在り方に向けられている。これでは、学級という集団で授業をしている意味がないではないかというのが、彼の批判の核心。

　ここからは、学級で授業をするということは、教材内容の獲得をめぐって、子ども同士、さらには教師との間に豊かな「交通」、すなわち（教師も含めて）個々人の内面まで吐露し「応答しあう」関係が成立している時に意味を持ってくる、そういう学級授業がしたい、という彼の授業観をうかがうことができる。

　これは、彼が、子ども「同士」ではなく、子ども「同志」、と記していることからも傍証できよう。「士」ではなく「志」と記すことで、北澤は、授業中の子どもたちの「交通」は、知識・技能をどれだけ習得したか否かに係る情報に止まらず、個々の子どもたち、さらには教師の内面までも含めて「分かりあう」ことを願っていたのではないか、と推測される。

　元々学級は、教授の単位として編成された。教授の単位として学級が編成された時点では、成員である子どもたちの間に「この学級においてみんなで協働しながら学習していく」という意識はない。教材内容の獲得を巡って子どもたちが互いに「応答しあう」という関係もない。学級は、最初「群的」

状態である。この「群的」状態の学級に教師が意図的な指導を加え、子ども
たちに皆で学習しているという体験をくぐらせ、彼らをして学級の皆で協働
し学びあっているのだという自覚をもたせ得た時、学級は今日言われている
「学習集団」になる、と筆者は考えている。北澤においては、この点で以下
述べていくように「学習集団」づくりへの兆しさえうかがえる。

　北澤は、「将来の学級の教授と云ふものは、主として教授単位としての学
級と云ふことに止まらず、進んでこの組織の単位としての学級と云ふものを
認め、組織上の単位としての学級と云ふものの研究に移っていかなければな
らない」（同、38頁）と述べる。彼の言う「組織上の単位」とは、「学級をば
有機的の統一体として活動させ仕事をさせていかなければならない一団と見
るのであって一教師の下に一緒になって教授を受ける一団といふ意味ではな
い。従って其学級の成員相互の間に何等有機的の関係が成り立たず唯々個人
を多く寄せ集めた寄木細工様の塊であっては組織上の単位としての資格はな
いことになる」（同、39頁）。

　彼は、教師が教材を教授する時にも、それが「学級をば有機的の統一体と
して活動させ仕事をさせて」いくという形で実現されることを望んだ。彼が
望んだ教師の指導性を、もう少し追ってみよう。これは学級経営の観点から
であり、必ずしも授業に焦点を当てたものではない。しかし小学校の場合、
学級担任がほぼ全教科を教える授業者であるので、学級担任の指導性を問題
にすることは、そのまま授業者としてのそれを問題にすることになる、と解
釈することは許されよう。

指導性の3類型

　彼は、教師の指導性を次の3つの立脚地に区別する（同、83～93頁参照）。

(1) **教授者としての学級担任**：　即ち、従来の学級概念が生み出した立脚地。
　　ここでは、教師は「所定の事項を具案的に順序良く教え授けて行く即
　　ち教材を処分すると云ふ態度を執る」
(2) **共同者としての学級担任**：「これは即ち学級担任と生徒とを一緒に合わ
　　せたものが一の社会であるといふ思想からくるものである。それであ
　　るからその社会に於ける教師の態度は、どうしても社会の一員として

考へられ結局お仲間であるといふ態度を採ることである」

(3) 仲介（若しくは紹介）者としての学級担任：これは、「教師というもの
　　が児童生徒の中から離れて第三者の立ち位置に立ち児童生徒同志を互
　　いに理解せしめる立場をとる」場合である。この仲介には、「生徒児童
　　の各々をして直接に横の共同をさせる」という仲介も入る。これは今
　　日の言葉で言えば、子どもを組織する仲介（指導）と言えよう。さらに
　　授業指導の点から言えば、この仲介には、教材と子どもを仲介（媒介）
　　する、そしてこの仲介（媒介）を通して子どもと子どもを仲介するとい
　　う仕事を含めることを意味する。

「仲介」は、学級で授業をするに当たって最も大切な仕事だ。彼の次のよ
うな授業批判は、この点を認めていたものと言える。

　今日の普通の学級教授に於いては、問答法に依って、先生が問いを出
して生徒がいろ〳〵答える。生徒がいろいろの答えを出すにもかかわらず、
通例は教師が大体自分の頭の中で斯う答へてくれればいゝと云うような
答の内容を大体予め決めて置いて其の予定に合ったものでなければ採用
しない。他の子供の答は問題にされないでずん〳〵進んでいくのが普通
である。ところが学級生活と云ふことになって、そして個人々々と云ふ
いうものゝの活動と生活と云ふものを考えるようになれば、此の子供が
斯う云ふ答をしたと云ふことに就ては、其の答をば教師が勿論知らなけ
ればならないが、同時に其の答の背景をなして居る精神生活の内容を他
の生徒に理解させて行くのでなければ、それは健全なる社会をなさない。
……それ〳〵の児童生徒がある一つの問に対して答へ方の差異のあるのは
皆相当の理由あり之を理解すれば初めて皆が一つの社会となるのである
から相互の理解をさせることはより良き生活に導くべき良き方法である。
若しこの任務を教師がやらなければ、此の教師は仲介者としての学級担
任の任務を果たして居らないと云ふことになるのであって、其の学級は
甚だ貧弱な内容を以って生活して居って、唯先生と共同する、先生から
して物を教はる、斯う云ふやうなことだけは出来るが、生徒同志が互い
に諒解をして、互いに理解をして、さうして真の社会生活共同生活をす

ると云ふうようなことは行はれないことになる（同、92〜93頁）。

このように彼は、授業においても仲介の教師である必要性を説く。子ども
の答え（意見、考え）を共に学習している仲間の子どもに仲介すること、し
かもその際「答えの背景」までも皆に諒解させることが必要、と彼は考えて
いた。

ここには、同一の教材について、他人のわかり方、でき方、あるいはわか
らなさ、できなさ、さらには、それらの背景までもが仲介されることが、一
人ひとりの学習、さらには人格の発達にとってプラスになるという暗黙の前
提がある。授業を集団思考の過程として組織するということは、実はこの前
提を実現する方向で先の「仲介」を組織しようとするもの。とすれば、彼が
言う子ども同志の「理解」は、単なる知的理解に止まらない。そうではなく
て、「他人の行動云為をば、その人の情意と共に会得することである。即ち
フェルシュテーエン（verstehen ──引用者）することである。かかる理会は
社会生活としての学級生活に於いては目的であると同時に手段でなければな
らなぬ。即ち理会という手段によって理会という目的に達せしむるのが現代
（大正期──引用者）における学級生活の本旨である」という性質のものであ
る（同、111頁）。

授業においても、彼はこの「本旨」を目ざそうとした。だからここに、
「子ども同士」ではなく意識的に「子ども同志」と表記した本当の意図が
あった、ということも明らかになった。そして副産物として、少し話が飛ぶ
が、彼が目ざしていた授業づくりは、今日筆者たちが目ざしている「学習集
団」の授業づくりの「本旨」に通底するものである、ということも自明的に
なった。

「学習集団」の原型

ともあれ、彼は教師（とくに小学校の授業者）の立場を先の３点に区別した。
その上で、教師は(1)と(2)を弁証法的に統一して(3)の立場を採れ、と説いてい
る。そしてさらに、次のように述べる。

（教師の仕事が）学級に於ける仲介者と云ふことになれば、単に一人々々

の子供を知って居ると云ふだけでは到底できない。何故なれば、此の子供と云ふのは一人々々の集まった団体ではない。即ち茲に社会生活をして居るものであって、団体精神のあるもゝの上に教師が立って、さうして其の内の或る部分と他の部分とを互いに交通させ理解させるというような立場にも立つのが、これが組織上の単位としての学級に於ける仲介者の任務である（同、98頁）。

このように彼は、学級という集団——その「団体精神」——に注目する必要性も指摘している。この指摘は学級で授業をする際にも当てはまるものと彼が想定していたという推測が許されるなら、ここにも学習集団の授業指導の原型を見ることができる。

さて、以上述べてきたような彼の眼で当時の学級授業を観てみると、それは「1学級全体としての児童生徒を、一全体として取扱って居りながら、その一全体としての社会生活といふものを実現する余地の無い」ものになっていた。これは学級教授という形態に問題があるからではない。北澤は言う。

　　学級教授の対象となりつゝある1学級といふものゝ社会的生活に生命あらしめるだけの工夫（が足りないからである）。教師の1問に対して、ある生徒の1答することによって、教師は学級教授の進行に有利なる条件を得たりとて、直に之を以て全生徒の答なるが如く思惟する（から）学級の社会生活の生命を失はしむる（ことになる。学級で授業をするからには）1学級といふものゝ社会的生活に生命あらしめるだけの工夫（同、194～195頁参照）

を意図的・積極的にしていく必要がある。北澤自身、以下のように発問の際に教師が採るべき工夫例を挙げている。

　　教師の1問に対しては1学級40名の生徒ありとすれば、40の異なったる答はあり得ることを予期しなければならぬ。仮令それが2と2を寄せると4となるというが如き純理性的の事柄にしても、必ずしも40人の生徒に対して同一の答を予期することは不可能であると言はなければなら

ぬ。況んやその事柄の性質に於て殊に多くの個人差を容認せざるを得ざるが如き場合に於ては尚更のことである。例えば教師の問が生徒の情動活動によって答を得べき性質のもの、如き場合に於ては、必ずや教師は先づ１答に対してその由って来るところを深く省み詳に察し、尚他の多くの答によって、更に学級全体の社会生活を覚醒し、茲に問題を個人個人の問題とせずして学級全体の問題とすることに努力しなければならぬ。その如くなれば、学級教授の形式に於て出したる教師の問は直ちに転じて団体作業の形式に於て進むこと、なり所謂社会活動となって了ふのである（同、195〜196頁）。

最後に、北澤が挙げた教師の型と答えの扱い方の関係をまとめておこう。「教授者」型の授業では、個々の子どもの答え、意見、発表は教師の方を向いている。「仲介者」型の授業では、個々の子どもの答え、意見、発表は教師と同時に学級の全員にも向けられている。あるいは、教師の「仲介」によって、それらは学級全員の問題に仕向けられる。そして、そこにそれらをめぐっての子ども相互の「交通」が組織される。

前者の授業では、答え（結果）だけが問題になる。しかもそれは、予め教師が予定した答え（結果）に一致しているか（達しているか）否かという点からだけ問題にされる。そして、一致していない（達していない）場合には、強引かつ性急に一致することが要求される。

これに対して後者の授業では、答え（結果）と同時にそうなる「背景」までもが問題にされる。しかも教師だけではなく学級の全員がその「背景」をまで「理会」する——「その人の情意と共に会得する」——ことが要求される。したがってここでは、答えや意見の「一致」よりも「差異」が、その「差異」の「背景」への「理会」が、重視される。この子ども相互の「理会」には彼らをして「共働」（コオオペラチオン Kooperation——引用者）させることが必要とされる。

北澤は、今単純化して対比した後者の授業を実現することを目ざしていた。彼は、学級での学習を子どもたち共同の作業とし、彼らをして「共働」させることによって「共鳴共感」しあう学級、全員が「人格者としてお互いに他を尊重」することができるような学級を創り出そうと考えていた、と推察さ

れる（同、142 ～ 144参照）。これは、もうそのまま今日筆者が追究している「学習集団の授業づくり」に通底する、とさえ言えるのではないか。

〈本章は、拙著（2004）「合科学習の再検討（その2）——奈良女高師附属小学校の実践——」（大阪市立大学大学院文学研究科紀要『人文研究』第55巻第3分冊）をベースに書き直した。〉

註

1) 山路兵一の授業実践に係る先行研究としては、森透（1999）「長期にわたる総合学習実践の分析——奈良女子高等師範学校附属小学校を事例として——」（日本教育方法学会編『教育方法学研究』第25巻）が、山路著『遊びの善導　尋一の学級経営』、『遊びの善導　尋二の学級経営』に掲載されている具体的実践例を挙げて丁寧に分析研究していて参考になる。

2) 山路兵一（1924）「学級経営案と学級経営」『学習研究』第24号、239 ～ 240頁。

3) 奈良女子大学文学部附属小学校（1962）『わが校五十年の教育』（愛知教育大学図書館蔵）421 ～ 425頁参照。

4) 山路兵一（1922）「相互教育の揺籃」、『学習研究』創刊号、89頁。

5) 奈良女高師附小内学習研究会編『伸びていく』創刊号～第3号参照。

6) 山路兵一（1923）「相互学習の実際（獣類の移住）」、『学習研究』第12号、121 ～ 128頁。

7) 山路兵一（1927）「学習行政としての読方学習組織」、『学習研究』第62号、31頁。

8) 山路兵一（1927）「学習行政としての読方学習組織（承前）」、『学習研究』第63号、44 ～ 45頁。

9) 山路兵一（1926）「読本巻五『私のうち』に対する教師是か児童非か」、『学習研究』第51号、83頁。

10) 山路兵一（1929）「算術教育者よ（国語教育者から）」、『学習研究』第85号、262 ～ 264頁。

11) 山路兵一（1925）「相互学習と生活事実」、『学習研究』第43号、262頁。

12) 山路兵一（1922）「辞書を活用するまで」、『学習研究』第2号、89頁。

13) 山路兵一（1922）「辞書を活用するまで（二）」、『学習研究』第3号、94 ～ 95頁。

14) 山路兵一（1923）「無より出で々無に帰る」、『学習研究』第10号、142 ～ 144頁参照。

15) 塚本清・山路兵一・清水甚吾他共著（1927）『学習指導各科批評真髄』東洋図書、85頁。

16) 山路兵一（1925）『遊びの善導尋一の学級経営』東洋図書、22頁。

17) 山路兵一（1927）「『遊びの善導』から『分科としての国語の学習指導』まで」、『学

習研究』第 67 号、97 頁。

18）山路兵一（1928）「『遊びの善導』から『分科としての国語学習指導』まで」、『学習研究』第 69 号、66 頁。

19）山路兵一（1927）「『遊びの善導』から『分科としての国語学習指導』まで（二)」、『学習研究』第 68 号、40 頁。

20）『学習研究』創刊号（1922 年 4 月）には、新年度の入学試験問題と試験方法が掲載されている。147 〜 148 頁。

21）北澤種一（1929）『作業主義学級経営』東洋図書、243 頁。

第3章

清水甚吾の算術授業改革

　前章でも触れたように、算術の国定教科書『小学校算術書』(「黒表紙」)が子どもの生活感覚からずれていて教えにくい、「算数ぎらい」や「落ちこぼれ」が大量に生じているという批判は、劇作家小山内薫の「亭主」が象徴的に示しているように、教育関係者に止まらず、一般大衆にまで広がっていた。

　奈良女高師附小（以下、同附小と略記）訓導清水甚吾は、「児童中心の学習として、自発的に学ばせるためには、先行条件として、学習材料が児童の心理的要求に投合することが必要である。即ち児童の生活に即した材料を持ってくる。児童の経験生活に触れた材料について、学ばせると、自ら興味がわいて自発的に学習するやうになる」と述べている（清水「自発教育と学習材料の生活化」、49頁)。[1] 清水の言いたいことは、現行の国定教科書にはこの「先行条件」がない、という批判である。

第1節◉算術「黒表紙」教科書への批判

自発的に学習するための条件

　清水は、1906（明治39）年、福岡師範卒業後直ちに母校の附小訓導になる。1911（明治44）年、奈良女高師附小開校に際し招聘されて以来1945（昭和20）年までの長期にわたって勤務した名訓導で、2代目主事木下竹次の信頼も厚かった。研究対象に充分値する、と判断できる。

　現行の国定教科書にはこの「先行条件」がないと批判した清水は、実際にいかなる算術授業を実践したのか、詳しく取り上げてみよう。手始めに、清

水（1924）『実験実測作問中心 算術の自発学習指導』の序に記されていることを、いくつか拾い出してみよう。清水は、木下主事の指示で、1920（大正9）年入学の1年生から持ち上がりで6年まで受け持つ学級担任になる。同書は、この学級4年までの実践をまとめたもので、児童は男女共学無選抜玉石混淆の60余名（下線と①などは引用者）。[2]

　　○私は今迄の数学教育を根本的に改革したいと思って、事実の上に算術
　　　教育を建設し、児童の数量生活の向上発展を図り自ら材料をとらせる
　　　①ことにした。
　　○児童の経験実験実測実習に基づき、児童自らをして問題の構成と解決
　　　②とをさせて能力を十分に発揮させるやうにした。
　　○此の書物は児童中心の学習に於いて、事実に基づいて研究したもので
　　　児童数学の実際的研究③である。
　　○学級の児童も多く、男女共学玉石混淆の選抜しない児童④について研
　　　究したものである。
　　○此の書物の出来上がるについては、木下主事をはじめ同僚諸君……に
　　　負うところが多く、殊に私が尋常1年から担任した60余名の愛児から
　　　与へられたものが頗る多い⑤。

　下線①には、「児童の数量生活の向上発展を図る」とあるが、この数量生活の発展が正式に小学算術の教育目標とされるのは、後述するように塩野直道（1898～1969）国定教科書編纂主任が成し遂げた第4期国定教科書『尋常小学算術』（いわゆる「緑表紙」）が発行、使用される1935年から。清水は、その先取りをしていることが分かる。いや、より正確に言えば、第4期国定教科書に清水ら学校現場実践家の改革の成果が取り入れられたのではないか、という予測が成り立つ（この点については、節を改めて問題にする予定）。
　もう1つ、下線①の最後「（児童に）自ら材料をとらせる」は、同附小主事木下（1923）『学習原論』が主張している「児童が自ら学習材料をとる」を、清水の方が木下より先に算術の授業で実践を試みていることも分かる（この点も、後述）。
　下線②の「経験実験実測実習に基づき、児童自らをして問題の構成と解

決」は、清水が最も得意とする学習法。ここでは、「自ら問題の構成と解決」とあるように、児童が自分で学習の材料から方法まで決めることが前提になっている。

下線③の「児童中心の学習」は同附小全体の教育目標で、「児童数学」という表記は、清水が従来の尋常小学算術（Arithmetic）の枠を大きく超え出て、広く数学教育（Mathematics）の基礎部分を尋常1年生の児童から学ばせようとしていた事実が予測される。

下線④「男女共学玉石混淆の選抜しない児童」とは、当時同附小は、奈良市内の一般小学校と同様に当該学区内の子どもを無選抜で入学させており、60余名の男女共学玉石混淆の学級での授業であったということは、本書にとっても好都合。

なお同書は、同附小が1922年4月より刊行した『学習研究』に主事木下とほぼ同時に多数掲載した彼の諸論文をまとめたもの、ということも付言しておきたい。清水は、刊行されたばかりの『学習研究』第2号に、「自発教育の眼目」という論文を書く。冒頭「尋常2年を担当している時」という書き出しで、次のように記す。

　　教師から問題を提供して解かせてみると、20枚の紙を4人に同じやうにわけるといくらになるかといふやうな簡単な問題に骨折る児童がある。其の児童に物差しを持たせ自分で測定させて問題の構成と解決とをさせてみると、自分の机を測って、机の横が2尺縦が1尺2寸8分周りはいくらかという問題を作って立派に解答している。算術の学習にこんな事実があるといふ事はいったいどこに原因があるのか、……後者の場合は実物であって体験をするから易しくて興味も多い。又受動的ではなく、自発的であって自分で進んでやらうと思ふから出来るのだ。……自分から進んでやって見ようといふ時はなかなかむつかしい問題でも解くことが出来るものである。私は教育に於て児童を自発的に能動的に学習させることが非常に大切であると信じている。……児童を中心とした児童の自発活動を重んじて行かねばならぬ。[3]

この文言と、彼がその5年前に刊行した『実験算術教授法精義』の序にあ

る次の文言、を比べてみたい。

> 教授をなすに当って教師が余程理論的に考究して立てた方案でも児童
> の実際の学習状況と必ずしも一致するものではない。……殊に算術の教
> 授に於ては予定と実際と齟齬することが他教科目の教授より比較的多い
> ……4)

　この文言からは、国定教科書に則りながら授業を進めていくことの難しさ
を嘆いている清水が読み取れる。しかし、先の引用では、清水は、教科書
通り授業を進めていくことよりも、子どもの自発的・能動的な学習の方を
信じて、堂々としている感さえする。清水は、先の引用に出てきた尋常2年
生の子どもを1920（大正9）年入学の1年生から受け持っている。とすると、
1917年から1920年の間に、附小全体の教育状況が変わったこととも関係し
ているのではないか、という予想が成り立つ。

自発教育の眼目

　詳しく調べてみると、前章で確認したように、同僚の山路兵一が、1919
（大正8）年の1月から、子どもの方から「教えてください」と要求してきて
はじめて教える、という「自要求―自学」に基づく独自教育（学習）をはじ
めている。

　木下竹次が附小主事として本格的な仕事を開始するのは、少し遅れて
1919（大正8）年4月から。彼は、4月8日に開かれた最初の職員会で今年度
の教育方針を述べる。その記録では、「学習ノ訓練ニハ方法ノ自得ヲハカ
リ、誠実ナル学習ニヨッテ誠実ナル人ヲ作ルベシ。学習ハ工夫創作的ナルベ
シ。自ラ疑ヒ自ラ解決スル方法ニヨッテソノ歩武ヲ進メタイ」として「自習
法ノ研究」をしてほしいと述べている。着任早々、明確に「発疑―解疑の自
学法」をとなえていたことが分かる。さらに4月末には、「子ども自らが学
習材料をとる」という自学主義を実践するために、毎日朝1時間目に「特設
学習時間（50分）」を設け「独自学習」の時間に充てるという時間割を設定
したいという構想を職員に諮っている（奈良女子大学文学部附属小学校（1962）
『わが校五十年の教育』）。5)

木下主事の「特設学習時間」は、翌1920年4月から実施される。

　正にその年から、木下主事の指示で、清水は、新入尋常1年生の担任になる。つまり、この「特設学習時間」には、「学習材料は学習者の任意とすることを本体とする。」そして、「学習者に学習予定工程表を持たせて厳重に詳細を記入させる」授業を展開することが構想され、実験に移されたのである（同、54頁）。

　山路が「自要求―自学」に基づく独自教育（学習）を実践しはじめた1919年1月から、三好得恵（開校から1919年12月まで附小に在籍）[6] らも含めて、清水は、毎日のように自発学習の授業について対話していたのではないか、という予想が成り立つ。このような環境で、子どもは、自分で学習材料をとってきて、自分が立てた計画に沿って、自分が工夫した方法で、しかもマイペースでどんどん学習を進めることができる、という授業構想が清水にも固まってきた。かくして、清水も算術の授業改革に意気揚々と取り組める条件が整ったのではないか、と筆者は判断している。

　1920年から新1年生の担任になった清水は、喜んで自発教育を実践しはじめる。その結果をまとめたのが、「自発教育の眼目」。清水は、以下の3眼目をあげている。その1は、「真の自発活動」は内的な思考活動を奨励する、だ。彼は言う。

　　児童は教師の課題命令を待たずとも、自ら学習の目標を定め、其の目的を自覚した有目的活動をする。学習の目標が決まれば、其の目標に達する計画を立てる。即ち研究法の工夫計画を立案する。そして其の計画の実行にかかって、自ら実験し実測し思考し想像し学習事項を如何にして表現しようかといふことを工夫して勉強する。それから最後に自ら批判検討する。このやうに自発的に学習する間に実験実測の道具を活用したり、参考資料を参考したり、教師の指導を受けたり、学友相互の研究が行はれたりする。又表現した結果については批評討究が行はれる（同、110頁）。

　清水は、自発活動を2分する。1つは、外部に現れた活動で、子どもが、「ハイ、ハイ」と挙手する、「先生、先生」と自分に当ててくれと要求する外的活動。もう1つが、上に引用した内的活動。2つの内、「真の自発活動」

とは、この第2の内的活動を指す。彼が定義する内的活動のメルクマールを、筆者なりに整理してみると以下のようになろう。

その1は、教師の課題命令を待たずに、自ら学習の目標を定め、その目的を自覚した目的的活動をする、こと。これは、後に木下が言う「子どもが学習材料をとる」ということ。別言すれば、教師が出した課題、あるいは教科書の課題を解いていく「やらされる学習」ではなく、「自ら進んで学ぼうとする学習」のこと。

その2は、自らが定めた目標に達する、つまり、自分が立てた課題を解決するための計画を立てる。計画の中身は、研究の立案・工夫。主体的な学びの核心と言えよう。

その3は、自分が立てた計画を実行するために、自ら実験する、実測する、つまり試行錯誤しながら思考する、想像する、かくして新たに学んだ結果を皆に分かってもらい、認めてもらうためには、いかに表現すればよいか、と考え工夫する。

その4は、こうしてたどり着いた結果（解）は、本当にこれでよいのか、学級の仲間からの問い糺しや、批評に耐え得るものであるか、という振り返りを行う。この時、子どもたちの発言（表）は、教師が出した問いに答えるために教師の方に向いているのではなく、（教師を含んだ）学級の学び仲間の方に向けられていることにも注目したい。かくして、主体的な学びは、同時に対話的な学びを呼び込む必然性を含み持っていることも分かる。

ここまでが、「独自学習」のプロセス。その後、教師を含んだ学級の仲間からの質問・批判・批正⇒それらに対する応答⇒承認という「相互学習」を経て、最後に再び以上の全過程を通して本時の学習を振り返る「独自学習」をして学びの1サイクルが終了する。なお、この最後の「独自学習」は、授業の最後に行われる場合と、帰宅してからの作業になる場合がある。

このように整理してみると、清水が実行したこの授業展開そのものが、たとえば10数年後に東井義雄が行った「ひとり調べ―みんなでの分けあい・磨きあい―ひとり学習」の「生活綴方的教育方法」であり、アクティブラーニングの名の下に今日求められている「主体的・対話的」な授業の原型になる、と言うこともできよう。

清水が挙げる自発教育の第2の眼目は、発見的創造的学習の重視と創造創

作の尊重である。

　学習に当たって児童が自発的に出て、疑問をおこし夫を考察し解決して行くといふ態度になれば創作的の学習が出来る。算術に於ける算法の学習の如きも、教師から授けないで、成るべく児童に発見創作させ且児童の発見し創作したものを重んじて教師の案に引きつけやうとしないがよい児童の発見した算法はなかなかうまいものがあって教師以上のものが出てくる。それを教師の定めた一つの算法に引きつけてしまふのは甚だ面白くない。ただ児童が経験の結果其の算法の便否優劣を批判するやうにする。それには児童各自に批判させてもよいし、また児童に相互批判をさせてもよい（同、112頁）。

ここで清水が述べているように、子ども各自に、創作的な学習の結果を発表させ、その際使われた算法の便否優劣を「相互学習」を介して批判し合う「対話的な」学びのプロセスが、必要になってくる根拠づけも出てくる。
　それともう1つ、ここで清水が注意を促していることは、創造・創作の真義は、「原造独創新規斬新」だからとはじめから完璧を求める必要はない、という点にも注目したい。教育の場では、「資料提供―模倣―改作―創作」の段階を教師の方で意識的に条件整備（指導）していく必要がある。だから、彼は言う。

　又何等の学習用具も参考資料も与へないで、薄っぺらな教科書一つで創作的学習をさせようとするものもあるが、児童に非常に無理な注文である。……創作的に学習させるには先ず環境を整理して、学習用具も参考書も与へねばならぬ。材料そのものが児童に即したものでなければならぬ。教師はよく材料を精査し、その材料を愛し感興をもってゐなければならぬ（同、同頁）。

そうすれば、たとえば、尋常2年生の子どもでも、次のようなことが起こる。

一人の児童が物差しで矩形の鞄掛の縦の長さと横の長さを測定して、周囲を求むる問題を発見したところが、机、小黒板、教科書等の矩形の周囲を求むる問題をどしどし構成するようになったが、模倣改作の例である。併し或児童はこのような矩形の周囲を求むる問題から、矩形の周囲と一遍の長さを知って他の一遍の長さを求むる問題を発見した（同、113頁）。

　子どもたちにこの種の創作がどんどん可能になるには、清水が強調しているように、「薄っぺらな教科書一つで創作的学習をさせようとする」ような陳腐な教師のままでいることは許されない、という点にも注目したい。彼が言う環境整備（間接的指導）のなかには、教師の深い教材研究力・解釈力が含まれていることを見抜いておく必要があろう。ここでは、事前の教材解釈作業と授業途中での個々の子どもの発言、パフォーマンスを刻々に解釈しながら授業展開を微修正し続ける授業構想力（＝微細ではあるが即興的なカリキュラムデザイン力）が、教師に要請されているからである。
　清水が挙げている第3の眼目は、作為的学習の重視。

　児童に自発的発見的に学習させるには意思的活動に重きを置き、行動による教育作為的学習を重んじなければならぬ。即ち為すことによって学ばせるやうにする。……算術の学習などにおいても児童の生活に即し実験実測を重んじ、これによって自発問題の構成と解決とを盛んに奨励して行くのである（同、112～113頁）。

　子どもが「自発的発見的に学習」するには、「意思的活動に重きを置（く）」必要があることを強調していることに、注目したい。ここでいう「意思的活動」とは、第1の眼目で取り上げた「内的活動」のこと。この種の内的活動を「行動による作為的学習」として遂行することが重要、と清水が指摘している意味は大きい。
　以上で、清水の論文「自発教育の眼目」の分析を終わる。ここで明らかになったことは、木下が著書『学習原論』の草稿を『学習研究』に連載しはじめるのが、1922年4月。清水はその翌月の5月号に先の「自発教育の眼目」を書いている、という事実だ。このことは、何を意味するか。一般に同附小

の合科学習を核とする学習法は、木下指導の下に実践されたという認識がなされている。

　しかし、木下と清水は、同時に同じような学習法を試行錯誤しはじめていた、というのが事実であることが明らかになった。それに、同僚山路兵一は、木下が附小主事に着任する前から、「子どもの自要求に基づいてはじめて教師の方から教える」という授業法の実践を開始していた。これらの事実を鑑みた場合、木下が附小の実践家の実験的試みに勇気づけられ、それに乗っかる形で自己の学習法を整理しながらまとめたのが主著『学習原論』、と整理する方が事実により近かったのではないか、と筆者は今解釈している。

第2節◉自ら進んで取り組む学び

算術自作問題

　「学習材料は子どもがとる」という学習法を実践しようとした清水が、一番困ったことは何か。先にも触れたように「児童中心の学習として、自発的に学ばせるためには、先行条件として、学習材料が児童の心理的要求に投合することが必要」である。ところが、現行の国定教科書の事実問題（いわゆる応用問題）では、「学習材料が児童の心理的要求に投合する」というこの「先行条件」を十分に満たしていない。この点が、清水にとっては、大きな壁であった。

　この壁を超えるために彼が考えたことは、国定教科書に用意されていないのなら、教師がその都度、児童の生活に即した材料を持ってくればよい、さらに進んで、子ども自身に事実問題を自作させればよい、という授業構想である。こうして、児童の経験生活に触れた材料＝自作問題について学ばせてみると、「自ら興味がわいて自発的に学習するようになる」という事実を発見する。この間の経緯を、清水「自発教育と学習材料の生活化」に基づいて検討してみよう。彼は言う。

　　現在の国定教科書の事実問題（＝いわゆる応用問題——引用者）は編纂

者の考へた問題で、編纂者の言語を以てあらはしてある。……そこで吾々実際家は、毎日児童に即して教育して居るものであるから、児童の構成した、而も児童の言語を以ってあらはした問題の蒐集整理に意を用い、国定教科書の編纂資料を提供するという覚悟をもった、意気の盛んな研究がほしいものである。現在の中は教科書の問題のみに盲従しないで、児童の生活に即し、児童の自発問題の構成と解決とをさせ、これを学級問題にしていくことにして、教科書の目的を達するようにしたい（下線——引用者、同、52頁）。

　ここからは、清水が、教科書の事実問題をそのまま使うのではなく、その内容に即した事実問題を子どもに作らせる――つまり、子どもが身の回りの生活の中から題材をとってきて子どもの言葉で作問させ、――それを教師が子どもと協議の上、学級問題としてとり上げ、教科書の目的を達成する、というカリキュラム（＝「子どもが学習材料をとる」）デザインであることがうかがえる。
　下線部の「国定教科書の編纂資料を提供するという覚悟」という記述に、筆者は注目する。つまり、この時期、できれば国定教科書の編纂にも参画したいという構えで日々の授業改革に邁進する研究的実践家＝真の実践主体になろうとする教師がいた（たとえ高師附小の訓導であろうと）、という事実に出会えて筆者は勇気づけられるからである。わが国の授業改革は、上からの統制で、どれだけ頑張っても授業方法レベルの改革止まりである、という従来からの定説に歯がゆさを感じていたからだ。
　「児童本位の教育」について、もう少し清水の考えを聴いてみよう。

　　○従来のやうな教師本位であって、画一的の教育では到底児童の能力を
　　　十分に発揮させることは出来ない。能力を十分に発揮させる為には、
　　　児童本位の教育によって、児童の自発活動を重んじて、もっと自由に
　　　学習させねばならぬ。
　　○児童は実に驚くべき能力をもち、之を善導すると如何にも其の能力を
　　　発揮させることが出来る。それで児童をして自ら求め自ら解決して行
　　　くといふやうにし、学年の境界に拘泥しないで、自由に伸ばしていく

がよい。従来のやうに何学年にならねば、教へてはならないなどといふのは決して児童の能力を発揮させる所以ではない（清水「自発教育と能力発揮」、78 〜 79 頁参照）。[7]

　従来は学期、学年によって定まっている教科書を一歩も出ないようにというやり方だったが、これに対して自由進度によって、先へ進むという方法を採用した。……該学年の教科書について、自由に進度を進め、さらに上の学年の教科書に進むことも許すようになった。これは、前章で確認したように、同僚の山路兵一が1919（大正8）年1月から実践しはじめ、1920（大正9）年12月に書き上げた『学校経営を背景とした読方の自由教育』の実践、さらには元同僚であった福井県三國小学校長三好得恵の「自発教育」とも通底し「子どもが教材をとる」ということの具体例と言える。

作問と国定教科書の関係
　以上のことを確認した上で、清水は、子どもの作問と国定教科書の関係をどう考えていたのか、という問題をもう少し詰めてみよう。もう一度彼に聴いてみたい。

　従来は不名数の問題を何等の目的を自覚しないで、教師から与えられ、教科書にあるからといふので、殆ど無意識的器械的に学習している。何の為にかかる問題の学習をしなければならぬといふ自覚はない。即ち計算の為の算術に流れてしまってゐる。算術は計算の為といふより、寧ろ生活の為であると解したい（下線——引用者、「自発教育と学習材料の生活化」50 〜 51 頁）。

　清水は、「算術は計算の為というより、寧ろ生活の為である」と警告している。「生活の為の算術と解」するならばどうなるか。

　実際問題の解決といふことが目的で、其の実際問題を解決する手段として、暗算筆算珠算を適用する。……それで算術の学習は実際問題の解決に出発し、実際問題に応用したい。従って学習の材料は、児童日常の

経験生活から持ってくる①やうにし、……一方に於いては数的生活ので
きるように、環境整理に意を用ひ実験実測の結果問題の学習が出来るや
うに努めていく②（同、52頁）。

　下線①を実現しようとすれば、子どもが作問するのが最も良いし、手っ取
り早いことが分かろう。さらに下線②で「数的生活が出来るように、環境整
理に意を用い（る）」という指導法が、尋常小学算数の正規目標になるのは、
先にも触れたように1935年の第4次国定教科書（いわゆる「緑表紙」）で
あるという事実にも注目したい。

　　（ところが、従来は）数関係計算関係を先にして事実関係を後にしたもの
　である。即ち先づ筆算の加法なら、不名数によって加法の算法を練習し、
　それから後に事実に応用した応用問題を取扱った。それであるから、児
　童は学習に興味がなく、自発的学習の態度が出来てこない（同、50頁）。

だから清水は言う。

　　一体応用問題といふ名がいけない。応用問題といふ名より……事実問
　題といった方がよい。そこで、従来の方法と反対に事実問題を先にして、
　数関係計算問題を後にして行く方法をとるがよい。自分が尋常三年迄に
　導いて来た算術学習は此の方法である（同、51頁）。

　ここで清水が「自分が尋常三年迄に導いて来た算術学習」と述べているの
は、1922年度までということ。彼がなぜ、子どもの自発問題に基づいて算
術の授業を展開したか。それは、教科書に記載されている応用問題は、教室
の子どもの心理や要求にあっていない。だから、子どもが日常経験から自分
で学習材料を持ってくる⇒その都度子どもの自作問題に基づいて授業を展開
していかざるを得ない、という理由が明らかになった。ここから、彼が教科
書をどう扱ったか、という問題も見えてくる。

　　一体国定教科書といふものは、全国共通的のものであって、之を地方

化し児童化する必要がある。教科書に盲従し、教科書に束縛されては児童の生活に即した学習は出来ない。……特に算術の教科書は、これを児童に持たせると否とは学校長の考へによって、決定してもよいといふ余地を与へてあるではないか、して見ると、算術の教科書は私の考えでは、参考位に考えたらよいと思ふ。児童の生活に即した自発問題を中心とし、教科書を参考にして、之に橋を架け、算術学習の進展を図っていけばよい（下線——引用者、同、52頁）。

　下線部、「算術の教科書は、これを児童に持たせると否とは学校長の考へによって、決定してもよい」を根拠に、清水は、子どもの自作問題を中心に、国定教科書を参考にして算術学習の進展を図っている。この考え方は、元同僚三好得恵のカリキュラム観と同じ。さらに清水は、算術の授業法を改革していくことで、算術の教育内容までをも変革していきたいという見通しを持っていたことがうかがえる。この仮説が許されるなら、清水は子どもに主体的な学びを保障していこうとすれば、教師である自分も実践主体＝微細ではあるがカリキュラムの自主編成主体にならねばならない、という覚悟をしていたと結論できる。

自発問題のメリット

　自発問題に基づいて授業を展開していくことのメリットは何か、直接清水に聴いてみよう。教師が、教科書の既成問題を解かせる場合には、「児童が（その問題の）作問者の態度になって問題を考察するやうに指導することが肝要」である。そうすれば、

(1)　此の問題は何を求めるといふ目的で作ったのであるか。作問者の目的なり要求が明瞭にあらはれているかどうか。
(2)　如何なる事実に出発しているか。其の事実関係はどうなって居るか、数量関係はどうなって居るか。
(3)　目的に達し答を出すには数量が必要であるが、如何なる数量を持って来て居るか。数量関係はどうなって居るか。
(4)　それでは目的を達し答を出すのにどうしたであらう。答に達する順

次方法はどうであるか。

　かういう態度になれば、決して受動的ではなくて、批判的考察的合理的に学習することが出来る。従って独自で解決することが比較的容易にできるから、解題の成績もよいわけである（下線——引用者、同、53頁）。

　教科書の問題を解く場合にも、自分が作問者であればどうするか。(1)〜(4)の吟味を通して、「批判的考察的合理的に学習する」ことができる、と清水が結論づけているところに、筆者は最も惹かれる。これは、10数年後東井義雄が実践した「主体にたぐりよせる」学びに通じるからだ。そして、清水が実践した作問主義の「児童数学」が、正に今日求められているアクティブラーニングのあるべき姿（＝主体的で対話的で深い学び）をすでに大正期に実践し、実証していたことが確認できるからだ。

　さらに、清水のようなカリキュラム観に基づいて授業を展開していけば、国定教科書の進度より早く進む場合があることを彼は次のように例示する。

　尋常1年の如きは除法は第3学年になって始めて課することになっている。併し児童の実際の生活は、尋常1年に入学する前から、お母さんにお菓子を8つ貰って、それを弟と2等分して4つずつ食べている。劣等児童も居るから、加減乗除を全く併進的に取り扱うことは、複雑になって困るであろうが、中心とするものを定めて行くことにして、他の算法も加味して学習させていくことが、全体的学習となり、算術的学習になり而かも児童の生活と一致して行くことになる（清水『上学年に於ける算術自発学習の発展の実際』、260頁）。[8]

　ここでの「全体的学習」とは、同附小全体で取り組んでいる「合科学習」のこと。この種のカリキュラムデザインをしていけば、国定教科書より先に進むことにもなり、学習があまり芳しくない子どもにもきちんと学力を定着させていくことも可能になる、と清水は考えていた。もう1つ具体例を挙げておく。

　児童自らの環境整理により、あるいは教師が環境整理をしてやった結果、

児童が面積体積等の自発問題を創作し、それを基礎として学級の空気を作り、学級の学習を進展させていく方法は、児童中心の学習であって、児童は其の空気の流れにより、何等の圧迫を感じないで愉快に学習して行くものである。……尋常３年の教科書の第２学期は形式上からいへば、筆算の乗法を取り扱うことになっているが、環境整理の結果児童が盛んに面積の問題を構成する。児童の自発問題は実質上からいへば面積の問題で、形式上からいへば筆算乗法の問題に当る。それで児童の自発問題を基にして、学級学習を進めていくと、筆算乗法の練習が出来ることになる。筆算乗法といふ基準のところ、中心のところを定めて置いて、その点は教科書に連絡を求めていくがよい此れは学級全体の児童の最低度を固めて行って、劣等児に手落ちなく指導していく上から必要であると共に、其の学級の受け持ち教師が交代した場合に都合が良い。併し其の基準とし中心とした自発問題以外のものは、如何程発展している自発問題でもよい。この発展した自発問題によって、学級の空気を作り、学級学習を図って行くのである（下線——引用者、「自発教育と学習材料の生活化」51 頁）。

清水の考えでは、子どもに環境整理をさせ、教師もそれを手伝いながら（教師の間接的な指導）、子どもに自発問題を創作させていくと、子どもたちはどんどん国定教科書の枠を飛び越えて、問題を創作し、それの解決に向かって嬉々として取り組む空気が学級にかもし出されてくる。その際、教科書に照らして最低限のところは押さえる。しかし、それ以外ではどこまで発展してもよい、という環境を整備すれば、ここで子どもたちには、もっと高いところまで伸びたい、もっと太りたいというチャレンジ精神がいよいよ盛り上がり、相乗効果の結果として（周辺部の子どもも含めて）学級全体のレベルが向上する、という事実を創り出していることがうかがえる。

劣等児への配慮

清水が、優秀児にはどんどん先へ進ませていくと同時に、決して劣等児への配慮を忘れないのは、先にも触れたが同附小開校以来、真田主事の下、普通学区の無選抜の子どもたちを教育してきた経験が大きく作用しているので

はないか、と推察している。

　今筆者が自作問題に基づいて授業を展開していくと、「（周辺部の子どもも含めて）学級全体のレベルが向上する」という場合に、わざわざ「周辺部の子どもも含めて」と加筆して記した理由もここにある。清水は、劣等生への配慮を、別なところで次のように述べている。

　　作問しても、それを発表しないといふことになると、やり甲斐がないことになって、作問の熱も冷却するやうになる。……劣等児が作問に意気込まないのは、多くここに原因がある。作っても発表することが出来ず、発表すると、易しいとか、つまらない問題とか、いって教師他児童に嘲笑されるから、作問しないといふことになる。又発表しても学級問題になる見込みはないし、発表もよしておこう、作問もしないでおこふとなる。そこで、能力の低い児童に対しては、作問のときからよく指導してもりたててやる、そして、程度が低くても、それを発表させ、認めてやるようにするならば、屹度喜び勇んで、学習するようになる。劣等児を生かすと殺すとは、指導者の指導如何によるものである（清水「児童数学に於ける自発問題の発表会」、91頁）。[9]

　ところで、清水の方法でいくと、どれほど教科書を乗り越えることができるか、1例だけ挙げておく。彼は、普段から自発問題を多様な方法で解いていくことを奨励する。尋常5年の子どもが、代数やグラフを活用して解くことができないかと思っていた時、ある子どもが以下のようにxを用いた式を書いて持ってきた。

　問題：子供に鉛筆をわけるのに5本づつやると4本あまる。7本づつやると6本たらない。子供は何人か。又鉛筆は何本か。
　　一般の児童は算術で解いたが、1人の児童は次のような方程式を書いて持ってきた。
　　子供の数をxとすると、$5x + 4 = 7x - 6$　其の児童がいふことには、問題は文章で書いてあるが、それをxを使って書いてみた。これでよろしいですかといふ。方程式は、高等科2年の教科書に出てくる。が、清

水は尋常科でも方程式を用いて事実問題を解かせたいと思っていた。

　それで先の児童の持ってきたのを認めてやり、これから x を求めることを薦めた。しかし、この子は x を求める方法を知らなかった。清水は、等号の左右各に等しいものを加へ、又は等しいものを引いても値はかわらぬことを知っているでしょう。x を一方に集め、一方に実数を集めるやうにと言った。

<table>
<tr><td>　すると此の子は色々と工夫して、</td><td>$5x + 4 = 7x - 6$</td></tr>
<tr><td>（左のように）した。これから漸</td><td>$5x - 5x + 4 = 7x - 5x - 6$</td></tr>
<tr><td>次代数的解法が（学級全員の子ど</td><td>$4 = 2x - 6$　$4 + 6 = 2x - 6 + 6$</td></tr>
<tr><td>も――引用者）導入されること</td><td>$10 = 2x$　　　$x = 5$</td></tr>
<tr><td>になった。</td><td>5本×5＋4本＝29本</td></tr>
<tr><td></td><td>答　子供5人　　鉛筆29本</td></tr>
</table>

（清水 1926「児童数学に於ける学級問題の解決」、91 頁） [10]

　国定教科書では、高等科2年で、方程式の解き方が出てくる。従来の授業では、まず方程式の解き方を練習し、それができるようになると応用問題として方程式を使った文章題の解き方に移る、というカリキュラム。清水が、このカリキュラムに一番不満を持ったのは、このような授業では、応用問題を解くために何ら創造的で発見的な思考を必要としない点である。

自発問題の発表会

　彼は、この点での不満を「児童数学に於ける自発問題の発表会」で以下のような方法で解決しようとした。

　　　（彼は、子どもが自発問題を構成して解決したことについての動機を学
　　　級での発表会で語らせる）
　即ち作問の目的発表を尊重する。どういう考えをもって問題を作ったか。何を見つけようと思って問題を作ったか。これ等を語ることを主とする。さうするとある目的を達成するために算術をしたといふことになって、算術が事実に出発し、生活を基調として行はれ、人生の為の算術となって行くことになる。

尚、作問の動機を語るとともに、問題構成と解決の苦心談をさせる。即ちそこ迄到達した過程に於ける苦心の発表をさせる。するとこれが発明発見のひらめきをつくることになる。

　以上のような目的に於いて発表会をさせると、たしかに、数学的態度が養われ、作問に対する態度が向上する。真の作問といふものは、問題の為に問題を作るのではなく、或事実を解決するやうに考える。即ち何かの事実を捉へ、何かの事実の計画を立て、その事実を解決するために、自然に起こる計算をするといふことでなければならぬ。事実の把握事実の計画ということが大切である。それから数量的な関係をたどり、どうして解決するかといふことから計算が工夫される。そこで、発表会に於いては、かかる過程に於いての目的なり、解決の方法なりについて自己活動によって、工夫をし苦心したことについて発表させる。さうすることによって、真に事実関係を知り、数量関係が適確であり、計算適用が妥当であるかということが明らかにされるわけである。かかることから、児童は自然に数量生活の向上発展をするものである（下線──引用者、「児童数学に於ける自発問題の発表会」81 頁）。

　少し長い引用になったが、筆者なりにまとめてみると、
①　子どもが、身の回りの生活の中から事実を掴み出し、そこから問題を作成する、
②　そこでの数量関係をたどって解決していくその過程全体を学級の皆に発表する、
③　そして、学習仲間から質問や批判も受けながら、最終的にはその作問の目的から解決へ至る工夫や努力（時には未解決で挫折した悔しさも含めて）が認められる、
④　この発表会を介して子どもの数学的態度が養われる、
と、清水は考えていたことがうかがわれる。この発表会では、作問の目的が皆によって糺され、批正され、磨かれていく。この過程に耐え抜く説明を作問者が展開していく姿からは、子どもが主体的に学びあい、育ちあっていく状況が見えてこよう。

児童数学

　これが、彼の「児童数学」。それは、従来の算術のように「単なる算術に囚われ」ないで、「算術も幾何も代数も打って一丸としていかねばならぬ」場面に子どもを追い込んでいく授業だ。この点を、彼に直接聴いてみよう。

　　児童数学とは……児童の数量生活の向上発展を図ることである。これが私の信じてゐる数学教育の新目的である。教師は児童の数量生活の指導をし、其の数量生活によって、自ら材料をとらせるのである。ここに自発問題の構成と解決とが生まれてくるわけである（下線――引用者、「児童数学と独自学習」143頁）。[11]

　下線部から明らかなように、清水は、「児童数学」すなわち「児童の数量生活を指導し……自ら材料をとらせる」算術授業を自分の新目的にする。こうして、算術授業の方法の改革が、算術内容の改革として具体化され、さらには算術教育の目標の改革＝児童数学にまで至っている、という事実が確認できる。

　彼が実践した内容改革の中身は、何か。もう少し突っ込んでみよう。

○　（このように）事実実際に出発して生じて来た問題を解決して行くのであって、一定の公式に当てはめて問題を練習するのでもなく、計算関係から事実問題に及ぶのでもない。それで単に問題を解くといふことのみに流れないで、事実をよく理解するといふ実質的の知識といふものを得て行くから、社会的生活に必要な知識を得ることが重要視されることになる。

○　数学の定理公式といふものは、児童が事実に出発して問題を学習して行く此の具体的経験と児童の想像力とによって創作され発見されるといふことになる。

○　教科書の問題は後回しにして、まず児童をして事実の上に数学を建設させていく。そして教科書の問題は力だめしといふ意味で練習的に解かせるやうにする。このやうにして、児童の自発問題に重きを置く。これが即ち私の実践してゐる自発問題中心の児童数学である。

○　この自発問題中心の児童数学を実施して以来、算術が生活化し児童
　　化し、算術に対する児童の自発活動が旺盛になり、各児童が能力を発
　　揮することが出来、且既成の応用問題（教科書の応用問題──引用者）を
　　解く力も進んだように思ふ（同、144頁）。

以上の引用に、さらなる解説は必要なかろう。要するにここから言えること
とは、

> 　教師が、教育の内容、さらには教育の目標改革まで成し遂げる
> 実践主体になれば、子どもの学びも主体的になる。
> $\Updownarrow$
> 　子どもの学びが主体的になるためには、教師も実践主体にならな
> ければならない。

という[教える⇔学ぶ]の弁証法的な関係も見えてくる。彼が、小学算術
ではなく、小学数学と表記する理由もここにあったのではないか、と筆者は
解釈している。

学習の社会化
なお、発表会にはもう1つの意味がある。これについて清水は、次のよう
に述べる。

　一体誰でも、何か苦心して工夫し研究すれば、それを他人なり社会に
発表したいといふ気が起こるものである。自分が工夫し研究したことを
発表して、他人を益し、社会に貢献することは極めて大切なことである。
学習に於ける社会化の原則も、採り且与へることである。他人の良いと
ころはこれを採って自己の成長に資して行き、自己の研究はこれを発表
して、他人に与え他人を益して行くことである（「児童数学に於ける自発問
題の発表会」、81頁）。

「他人の良いところはこれを採って自己の成長に資して行き、自己の研究

はこれを発表して、他人に与え他人を益して行くことである。」から明らかなように、子どもの発表は、答え（＝発表）の方向が教師の方を向いていない。皆の方を向いている。また、聴いている学習仲間も、あの子の発表は教師の方を向いているのではない、私たち皆の方に向かってなされている、ということを自覚して聴く。だから、聴いている仲間にとっても益することになる。これこそが、本来の「対話的な学び」の見える姿、と筆者は考えている。

　この「社会化の原則」まで含めて「数学的態度」の育成を清水が構想していたとすれば、彼の構想、つまり「ある目的を達成するために算術をした」という言い方は、最近石井英真が主張している「教科する（do a subject）」学びに通底している、という解釈も許されるのではないだろうか。[12)] 以上、清水の自作問題に係る考察からは、授業方法の改革（＝自作問題による授業法）は、授業内容の改革（最低限を押さえた上でそれ以上どこまで進んでもよい）、さらには目標の改革（たとえば尋常5年で方程式を扱う）まで生じ得るという筋道が見通せるようになった。つまり、清水の望むとおり、この授業実践が文部省役人の目に留まり、教科書編纂の際に採り入れられるようになれば、教育目標の改革にも現場教師が参画できるという見通しも立ってくる。

　事実、1930年からはじまる塩野直道教科書編纂主任による第4期国定教科書『小学算術』では、後述するように先に清水（ら）が主張した「算術、代数、幾何を一丸とした……児童数学」によって「児童の数量生活を（正しく）指導」することが算術教育の主目標に掲げられるようになる。

教師も共に学ぶ

　最後にもう1つ、清水のように、子どもが教科書の縛りを超えて、学習をどんどん進めていくと、教師が即座に対応し切れない自作問題を子どもが出してくる、という状況も生じる。実践家にとって、これは避けて通れない問題だ。この点を、清水はどう考えたいたか。

　（このような状況は）教師がむずしかろうといふ人がある（が）、6年までの教科書を概観しておけばよい。苟も算術を研究しようとする人は全体を概観しておかねば駄目だ。今日取り扱ふ1頁だけのところに頭をつっ

こんで其の前後を顧みないやり方では、どんな方法でも児童の実力がつくものではない。……児童からむずしい問題が出た時に必ず解かなければならぬといふことはない。児童に考えさせ教師も考えへて（場合によっては次の授業時間までに）勉強したらよい。だから此の方法は教師も勉強せずには居られなくなって、児童と共に伸びて行く。児童が出した問題のすべてが教師に解けなくても、何も信用を害することはない（『実験実測作問中心　算術の自発学習指導法』387頁）。

　下線部、とりわけ、「児童が出した問題のすべてが教師に解けなくても、何も信用を害することはない。」は、研究的実践家にとっては、力強い後押しとなるのではないか。

　筆者は、今まで、授業では、子どもと共に教師も常に学び直しをしている、だから「学ぶ」という点では、教師も子どもも平等、という表現をしてきた。今、清水の「児童が出した問題のすべてが教師に解けなくても、何も信用を害することはない。」という文言に出会って、そこまで子どもに信頼される教師になれるよう精進し続けてきた彼の授業実践に対する真摯さこそ、研究的実践者の仕事である、と改めて確認することができた。これこそ、本書のテーマ「学びあいの授業」の「学びあい」は、子どもと子どもの間の「学びあい」と子どもと教師の「学びあい」の両方を含んでいる、という主意である。

　以上、国定教科書『小学校算術書』（「黒表紙」）に係る批判の典型例として、清水甚吾を採りあげた。これらの批判に文部省も対応せざるを得なくなる。

〈本章は、拙著（2020）「アクティブラーニングの源流を探る─清水甚吾の算術授業を手がかりに─」（朝日大学『教職課程センター研究報告』No. 22）をベースに書き直した。〉

註

1）清水甚吾（1922）「自発教育と学習材料の生活化」『学習研究』第 8 号、49 頁。なお、清水甚吾に関する先行研究としては、松本博史の神戸大学博士（学術）論文『奈良女子高等師範学校附属小学校における清水甚吾の算数教育:1911 年度から 1940 年度まで』が一番詳しい。また彼の作問中心の算術教育に関しては、植田敦三（2004）「清水甚吾の『作問中心の算術教育』における算数学習帳の位置」（『数学教育学研究』第 10 巻）と植田による科研報告書『大正末期から昭和初期における「作問中心の算術教育」実践に関する史的研究』（2006）がある。

2）清水甚吾（1924）『実験実測作問中心 算術の自発学習指導法』目黒書店、序 1 〜 2 頁。

3）清水甚吾（1922）「自発教育の眼目」『学習研究』第 2 号、109 頁。

4）清水甚吾（1917）『実験算術教授法精義』、目黒書店、序 1 頁。

5）奈良女子大学文学部附属小学校（1962）『わが校五十年の教育』（愛知教育大学図書館蔵）29 〜 36 頁参照。

6）拙著（2005）「『子どもから』のカリキュラム編成に関する歴史的考察——三國小学校における三好得恵の実践を手がかりに——」『教育学研究』第 72 巻第 4 号。

7）清水甚吾（1922）「自発教育と能力発揮」、『学習研究』第 4 号、78 〜 79 頁参照。

8）清水甚吾（1925）『上学年に於ける算術自発学習の発展の実際』東洋図書、260 頁。

9）清水甚吾（1924）「児童数学に於ける自発問題の発表会」『学習研究』第 43 号、91 頁。10）清水甚吾（1926）「児童数学に於ける学級問題の解決」『学習研究』第 46 号、91 頁。

11）清水甚吾（1924）「児童数学と独自学習」『学習研究』第 36 号、143 頁。

11）石井英真（2020）『授業づくりの深め方』ミネルヴァ書房、55 〜 56 頁、参照。

第4章

塩野直道と「尋常小学算術」

前章で確認した現場からの批判を、文部省は、どう受け止め、国定教科書改訂に取り組んだか、その過程を国定教科書『尋常小学算術』(「緑表紙」)の編纂主任塩野直道を手がかりに検討することが、本章の課題。[1]

第1節◉「尋常小学算術」とカリキュラム開発

学校現場からの批判

前章で見たような状況下、文部省も国定教科書小学校算術書(黒表紙)への批判を受け入れざるを得なくなる。文部省は、1929 (昭和4) 年10月に東京高師附小で開催された第33回全国訓導協議会 (算術科) に対して次のような諮問をする。

小学校算術書 (黒表紙) 中改正を要する点なきか、ありとせばその事項如何 (この諮問案の説明のために、文部省図書監修官塩野直道が文部省から派遣され、およそ以下のように説明している。)

大正14 (1925) 年から着手した小学算術書の修正は、昭和5 (1930) 年発行の高等小学第3学年……(で) 一段落を告げることになっている。……これら修正教科書使用の結果に基づく意見により、また新時代の初等数学教育界の情勢を考慮し、次の修正を考慮すべき時期に到達したと考えるが……今回初等教育研究会主催のこの全国訓導協議会は、小学校における算術科の教授に深甚の興味と経験を有する方々が、全国より集まって協議

研究をなされる会であるので……この諮問案を提出した次第である。云々
（東京高師附小内初等教育研究会編、1929「算術教育の研究」81 頁）。[2]

A.　この諮問を受けて、東京高師附小内初等教育研究会内に答申案作成委員
　　会が設けられた。まとめた報告書「算術教育の研究」で、注目すべき点
　　を拾いあげると、

1.　児童用算術書は、尋常 1、2 年用も編纂すること。
2.　事実問題は計算問題の前にも配列して変化あらしめること。
3　事実問題ならびに計算問題は、つとめて児童の学習心理を考慮して配
　　列すること。
4.　事実問題の選択は、つとめて児童の生活を考慮したるやや大なる題目
　　をも採り、計算ならびに事実関係の多方面的扱いにも便あらしめること。
5.　説明、絵画、図形を挿入し、作業を含む問題を多く、これを採択して
　　趣味あらしめると同時に、自学にも適するものたらしめること。
6.　問題の文章ならびに用語は、なるべく子供らしくて親しみ易きものた
　　らしめること（同、116 頁）。

　これは、文部省（の塩野直道）が広く教育現場の声を聴いて次期国定教科
書を編纂しようとした英断の表れ、と解釈できる。少し筆者の解釈を付け加
えると、

1.　は、尋常 1、2 学年用の教科書を作れという新たな要望。
2.　は、事実問題とは、応用問題のことだが、従来は [先ず加減乗除の計
　　算法則を先に定着させ、それを活用した（＝応用した）文章題を後で学
　　ぶ] という展開、たとえば、x が入る方程式の解き方にまず慣れてから、
　　方程式を使った文章題に移る、という展開は、本来の算数・数学の学
　　びではない。本来の事実問題（＝文章題）は、[子どもが身の周りの中
　　から問題を見つけ出し＝これが本来の事実問題、そしてそれを解決す
　　るために事実問題で未知数を x として立式する] という過程だ。前節で
　　触れた清水学級で尋常 5 年の子どもが算術の授業で x を使って文章題

を表し・解いた例を思い出してほしい。このような授業展開が可能に
なる教科書を作ってほしい、という要望。

3. 4. は、前章で触れた小山内薫が戯曲「亭主」で皮肉ったような子ど
   もたちの身の回りの生活から乖離した事実問題で子どもを苦しめない
   でほしい、という要望。

5. 6. は、子どもが楽しく算数が学べる教科書を、という要望。

　なお、この研究会は5日間開催され、前章の清水甚吾も参加し、研究発表
を行っている。その時の印象として、参会者の中から塩野に対して、「児童
作問中心主義で教科書と違った問題をやって居るものがありますが其の可否
についてお考えを承りたい」と質問する者があった。それに対する塩野の
答弁は、「児童用算術書は用いさせなくてもよいのであるから、児童の生活
にぴったりあったものを問題とし、教科書を考慮に入れてやるならよい」で
あった。[3] 塩野が、この時すでに、「児童用<u>教科書は用いなくてもよい</u>」と
明言していることが確認できる。

　こうして、文部省は、広く教育現場の声を聴くための窓口を開いた。では、
この窓口から入ってくる「下からの声」を文部省（とりわけ塩野直道）はど
う受け止め、いかに具現化していったか、を検討してみよう。

　塩野は、自著（1947）『数学教育論』で、当時の状況を以下の様に記して
いる。

　教育思想に関した書物、教育雑誌に親しむと同時に東京及び地方の研
究会・講習会等に出席したり、算術教育に熱心な人に会って話を聞く機
会も多くなった。そうすると会う人ごとの話も、雑誌や研究会の意見も
ことごとく当時の<u>国定教科書「小学算術書」の悪口</u>であった。<u>最初のう
ちはしゃくにさわった</u>ものであるが、この<u>人気のない事実に反省を促され</u>、
静かに考えてみると、<u>どうしても「小学算術書」を根本的に改訂しなけ
ればならないことを痛感する</u>ようになった。しかし、当時筆者は編纂補
助者のような地位にあり、而も経験の浅いことでもあり（東京帝大1922年
卒、直ちに松本高等学校教授就任、1924年文部省図書監修官に就任──引用者）、
その実現をはかるのはきわめて困難であった。そこで、はなはだ心苦し

くはあったが、改定を必要とする理由と、きわめて大まかな改定の方針
をまとめて意見書として上司に提出した。それが編纂主任の中村（兎茂吉
──引用者）氏──「小学算術書」（黒表紙）の編纂主任──の手に渡され
たが、中村氏は、これは改訂ではなくて新編纂の案であると筆者にいわ
れた。上司との間にどのような話があったのか知らないが、筆者に編纂
の命令が下った。昭和4年か5年のことである（下線──引用者、塩野、
1947、『数学教育論』）。[4]

　下線部からも明らかなように、文部省図書監修官である塩野は、黒表紙
「小学算術書」の不人気、悪口を真摯に受け止め、「静かに考えてみると」こ
の教科書を根本的に改定しなければならない、と思うようになる。新教科書
編纂主任の命が下りたのが昭和4年か5年と記している頃とは、先に引用し
た「報告書」＝東京高師附小内初等教育研究会編（1929）「算術教育の研究」
を受け取った後であろう。この点については、1936（昭和11）年からこの新
教科書編纂委員に唯一学校現場教師代表として加わった高木佐加枝が『「小
学算術」の研究（緑表紙教科書）編纂の背景と改正点及び日本算数教育の歩
みと将来への論及』（東洋館出版、1980年、39頁）で、（先の）「報告書は新教
科書編纂のバックボーンとして活用されたことは申すまでもない」と記して
いることからも傍証できる。
　ところで、（先の中村が）「これは改訂ではなくて新編纂の案」だと言った
ことの意味は何か。明治33（1900）年8月21日文部省令第14号をもって発
布された小学校令施行規則第4条には、

　算術ハ日常ノ計算ニ習熟セシメ、生活上必須ナル知識ヲ与へ、兼ネテ思
　考ヲ正確ナラシムルヲ以テ要旨トス（傍点──引用者）

と、規定されている。昭和まで続いた「小学算術書」（黒表紙）は、この
規定に従っていた。これではあまりにも古いと痛感した塩野は、今後の算術
教育は、

　数理思想を開発すること

日常生活を数理的に正しくするように指導すること

の2つを根本精神としなければならない、と結論する。[5]

B　したがって、彼が構想する小学算術編纂の根本方針は、

　Ⅰ．算術教育の目的として、

　⑴　数理を愛好し、これを追究し、把握して深い喜びを感ずる心。

　⑵　現象を数理的に観察し解釈せんとする心。

　⑶　実際生活を数理的に正しくなさんとする精神的傾向。

　の3点を柱とする。

　Ⅱ．指導方法の原則として、

　（イ）　児童の心理に立脚すること⇒最も自然に修得させる。

　（ロ）　児童の体験に訴えさせること⇒児童が興味を持って、最も自然
　　　に、最も自由に心を働かし、自ら進んで工夫を凝らし、身を以て修得し、
　　　基礎的事項を最も確実に獲得させんとする。かくして初めて算術学習
　　　が精神的傾向に及び、かつ実際生活上の実践にまで達することができる。

　Ⅲ．教材の選択配列の原則として、

　　　国定教科書という性質に鑑み、一般的、標準的な物とする。

　　　（つまり）1冊の教科書を以って、これをページを追うてそのまま教えて
　　いって、しかも全国どこの児童にも適切であり、上述の目的を達成し得
　　るということは不可能である。算術科の個々の教材は、容易に他を以っ
　　て代用し得る性質に富んでいる。ゆえに一例を示して置けば、その意味
　　を解して、各教師が各地で各児童に、より適切な教材を自由に選択し得
　　るであろう。

　Ⅳ．算術書の体裁の改善に関して、

　　　第一算術といえば問題を解くと考えることそれ自身に誤りがある。し
　　たがって今回は、答えを求めるものの外に、観察させるもの、数理関係
　　を見出させるもの、判断を要求するもの、実測させるもの、製作その他
　　の作業を要求するもの、調査研究計画を要求するもの、実際の行動を要
　　求するもの等、多種多様にわたることにした。[6]

C．こうして、尋常 1 学年用上の教科書が 1935（昭和 10）年 4 月から使用されるようになる。この「尋常小学算術第 1 学年児童用　上」は、カラー刷の絵だけで文字は 1 字もない、という画期的な教科書。

　以上、A.B.C.と並べてみると、東京高師附小の初等教育研究会がまとめた「報告書」の要望の多くが「尋常小学算術」（緑表紙）には採用されたことが見えてくる。学校現場の授業実践から出てきた教科書編纂への諸要望が、文部省次元で新教科書編纂の国定教科書に認められ、採り入れられるという可能性が明らかになったことは、筆者にとって新鮮な驚き。ここからは、[授業指導方法の改革⇒教科内容の改革⇒算術の教育目標の改革] というボトムアップのベクトルでの改編が可能になる一つの道筋が拓かれたという事実が、明らかになった。

　「小学算術書」（黒表紙）の中村編纂主任が、これは改訂ではなくて新編纂だと言ったことについて、ここでもう一度まとめておく。

A　（黒表紙では）[算術ハ日常ノ計算ニ習熟セシメ、生活上必須ナル知識ヲ与ヘ、兼ネテ思考ヲ正確ナラシムルヲ以テ要旨トス] であったものを、
B　[数理思想を開発すること、日常生活を数理的に正しくするように指導すること] に替える、というのが塩野の構想。

　この構想を、塩野は局長との交渉の際に胸に辞表をしのばせて臨むが、局長は、文部省の方から 1900（明治 33）年の施行規則を破ることはできない、と突っぱねる。それなら規則の「現代的解釈として」なんとか認めてもらえないか、という塩野の粘り強い主張が最終期には認められ、各学年教師用書上下の凡例に B を書き込み、その下に算術教育の目標、内容、方法を表記するという形で決着がつく。
　A から B への転換は、大きくまとめれば、わが国における「日常ノ計算ニ習熟セシメ、生活上必須ナル知識ヲ与ヘ」という教師中心の旧教育から「数理思想を開発」し「日常生活を数理的に正しくするように指導する」という子ども中心の新教育への転換とさえ言える。別言すれば、四則計算を中心と

した算術教育から算数⇒初等数学教育へのパラダイム転換である。

『尋常小学算術　教師用書』

　ボトムアップの方向での教科書改編が実際にはどのように、そしてどれくらい行われたかということを『尋常第1学年児童用　上』（1学期＝4月から9月まで）の教科書を手がかりに少し詳しく検討してみよう。なお、本教科書ができ上がるまでのプロセスをわかり易く解説したものとしては、1933年生まれで緑表紙を学んだ最後の世代である松宮哲夫元大阪教育大教授が著した『伝説の算数教科書〈緑表紙〉』（岩波書店、2007）がある。また公文書に近い形でまとめられたものとしては、復刻版（2007）『尋常小学算術教師用　解説書』（啓林館、奥付に、復刻発行　文部省承認済 と付記）の「『小学算術』〈緑表紙〉について」（7〜20頁）が参考になる。

　では、塩野直道執筆・国枝元治（1873〜1954）東京文理大教授校閲の『尋常小学算術　教師用書』から見ていこう。＜第一学年　上＞の凡例で記されている文言には、いくつか注目すべき点がある（下線——引用者、同25〜26頁）。主なものを拾いあげ、筆者の簡単なコメントをつけてみよう。

1.　尋常小学算術は、児童の数理思想を開発し、日常生活を数理的に正しくするように指導することに主意を置いて編纂した。⇒これは、第1学年〜6学年まで同じ文言で記された尋常小学算術の教育目標。

2.　尋常小学算術に掲げた教材は、数・量・形に関する事項の基礎的なもので、日常生活によく現れ、しかも、児童の心理・技能に適応するものを選び、これを、大体数理の系統に従って配列し、なお、児童の心意の発達に応じるように按排した。そうして、もっぱら学習に興味をもたしめ、進んで心身を働かしめ、最も自然に、かつ確実にこれを修得せしめんことを期している。しかし、生活は、地方によってその情況を異にし、心理・技能は、児童によってその発達程度を異にしている。これらの事情に鑑み、教師は、本教科書の教材について、適宜取捨し、補充し、場合によっては配列を適当に変更して、一層児童の実際に適応するものたらしめるように努めねばならぬ。⇒国定教科書編纂主任自らが下線部を明言しており、カリキュラムの編成権を部分的にでは

あれ現場教師にゆだねようとする兆しがうかがえる。

3. 本教師用書に対応する児童用書は、国語教授との関係上、文章を掲げず、絵図を主としている。この絵図には、実際の事物の代用の意味のもの、作業の例を示したもの、児童の想像を促す意味のものなど、種々ある。これらについては、まず、児童に観察・想像させ、しかる後、教師が適当な説明を加えて理解を与えねばならぬ。これらの<u>絵図は、代表的な物を例示したに過ぎないから、適当なものを選んで補充する必要がある</u>。しかし、絵図による指導に終始しては、到底本書の期する所を全うすることは出来ぬ。<u>教師は、宜しく適当な実際の事物を選び、児童が興味をもって、これを観察し、考察し、処理し、工夫するように指導すべきである</u>。⇒ここでは、尋常1年上では、文字を一切使用しなかった理由を国語授業と関連づけて説明している。それとここでも、下線部で明言しているように、教科書の絵図はその一例に過ぎないから、児童が興味をもって学びに取り組めるように適宜教師が選んで指導せよ、とカリキュラムの編成を現場教師にゆだねようとする兆しが見える。

以上の検討から、前節で述べた［授業指導方法の改革⇒教科内容の改革⇒算術の教育目標の改革］が実際に試みられようとしていたことがより具体的に明らかになってきた、と結論づけることができよう。

「教師中心の旧教育」では教材の地方化、児童化の事案は、現場教師にはそれほど切実な問題ではなかった。が、この新国定教科書は、「児童の数理思想を開発し、日常生活を数理的に正しくするように指導することに主意を置いて、……興味をもたしめ、進んで心身を働かしめ、最も自然に、かつ確実にこれを修得せしめんことを期」したため、「教師は、本教科書の教材について、適宜取捨し、補充し、場合によっては配列を適当に変更して、一層児童の実際に適応するものたらしめるように努めねばならぬ」とされた。ここに、部分的にではあれカリキュラムの編成権を現場教師＝授業実践者にゆだねざるを得なかった論理的理由があった、と筆者は解釈している。

第2節◉高木佐加枝による実験的授業の検討

現場教師代表

　では、実際の授業実践次元でこのカリキュラム改革はいかに受け入れられたのか、というより突っ込んだ検討に移ろう。幸いなことに、この検討を深めるための良い史資料がある。

　それは、高木佐加枝（1935）『尋常小学算術書活用と補充』（賢文館）。高木は唯一の現場教師代表として国定教科書編纂委員に1936（昭和11）年10月から参画する。彼には、この国定教科書が正式に使用されはじめた1935年4月の1年前に、「尋常小学算術書」がまだ構想途上のものに基づいて勤務先の東京高師附小で自学級を実験学級にして、さらに改正・補充すべきところを明らかにする使命が課されていた。先の『尋常小学算術書活用と補充』は、その結果報告。彼は、1944（昭和19）年末、母校の福井師範学校（後福井大教育学部）教授となり、定年後『「小学算術」の研究　（緑表紙教科書）編纂の背景と改正点及び日本算数教育のあゆみと将来への論究』で名古屋大学から教育学博士号を授与されている。その彼が著した『尋常小学算術書活用と補充』は、まさに同時代の史資料として最適、と判断することが許されよう。

　具体的な作業に入る前に、もう1つ付言しておきたい。国定教科書「尋常小学算術」の編纂主任塩野は、文部省が編纂する国定教科書が構想の段階にある時から、その構想を追試実験しながら、さらに改訂・補充すべき点を見出し、一層より良い教科書に改訂していこうとする大がかりな体制を立ち上げていた、という事実である。

　高木は、東京高師附小一部第1学年（昭和8年入学）を卒業まで担当し、事前の実験学級とする。また、昭和10年入学の一部第1年学級を事後の実験学級として、第6学年まで緑表紙教科書を使って実践研究し、その結果を各学年上、下に分けて刊行している（同、14頁）。同時に、先述したように1936年10月〜1941年まで、彼は、文部省教科用図書調査を委託され国定教科書の編纂作業に実際に参画している。

　高木『尋常小学算術書活用と補充』の尋1年上〜5年下が出版される過程

が分かり、新教科書「尋常小学算術書」に込められた塩野の編纂趣旨もより授業実践現場に近い次元から分析していくことが可能であることが明らかになった。これは、筆者が本書をまとめようと思い立った意図とも重なる。早速分析に入ろう。

　高木は、『尋常小学算術書活用と補充　第1学年　上巻』（賢文館、1935年）冒頭で、

　　（今回の編纂は）、きわめて熱心に民間の世論を聴取されて、遂に画期的な新算術書の第一巻が完成された（下線──引用者）

と記す。国定教科書編纂に当たり、「きわめて熱心に民間の世論を聴取」されたとは、「民間の世論を聴取」という文言からすでにこの編纂作業の新規さがうかがえる。

　今回の新算術書編纂の2大項目は、

　　数理思想の開発伸展
　　生活実践の指導拡充

である。つまり、

　　数理思想を開発伸展せしめることは、生活事象の中に数理を発見せしめ、数理を追究する精神然も追究して喜びを感ずる精神的態度を啓発培養し、自己の生活を数理的に正しく行ほうといふ態度を増長することである。言ひ換へれば数理思想の開発とは我々の祖先が何千年かの長い年月を経て築き上げた数理の殿堂の扉を児童自らしをて開かしめることであり、児童をして自己の数理を喜びを以って追求せんとする精神を成長発展せしめ、自分自身の数理思想を建設して行くことである。
　　要するに数理を喜びを以って追求せんとする感情、自然現象・精神現象及び社会事象の中に数理を発見し、これを数理的に正しくしやうとする精神的態度を開発することであり、人間は生まれながらにして成長発展の素質を有し成長発展の力を有するものであると信ずるので、これを

効果的に増長せしめるのが算術教育である。

　然して数理思想の開発は鋳物を作る如く型に当嵌めるのでは無く、又注射の如く注入することであってはならない。どこまでも自然的に増長進展せしめることが肝要のことである（下線──引用者、同、序1頁）。

　少し引用が長くなったが、特に下線部に注目すれば、黒表紙教科書と歴然としたちがいが分かろう。子どもの学びを、注入・詰込み・暗記の受動的な学びから、発見的で喜びをもって学びとろうとする主体的な学びへ転換させようとする姿勢が見える。しかも、これは低学年だからそうなのではなく、高学年になってもこの姿勢は変わらないことを筆者は確認している。

蝶の図の授業展開

　では、この原理を実際の授業展開のなかに具現化するとどうなるか。『尋常小学算術　第1学年児童用 上』の蝶の図（14頁）で検討してみよう（次頁の蝶の図参照）。

高木の発問例

　高木のこの場面の発問例を見てみよう（『尋常小学算術書活用と補充　第1学年　上巻』162〜168頁参照）。

　高木はこの蝶を第6週つまり5月中旬に実践している。

　ちょうどこの頃は、蝶が菜種やツツジの蜜を吸いに来る頃。その情景を子供たちは、楽しんでいる経験がある。この情景を連続的に示して、その数の増減を取り扱うのであるが、算術書の教材は、単なる1つの模式的なるものに過ぎない。またこれのみの取り扱いではおそらく20分もかからないだろう。さらにまた教科書を見るだけでは、単に目から入る算術であり、したがって思考の働きは抽象的にならざるを得ない。低学年で最も重要なるは手を動かして数えること即ち筋肉運動を通して、作業を通しての算術であり、その数量を直観し得るものが最もよい。だから、我々は手の指とか、オハジキ、お手玉等具体的事物を併せて用いることによって、其の得る所を一層確実にしなければならぬ（下線──引用者）。

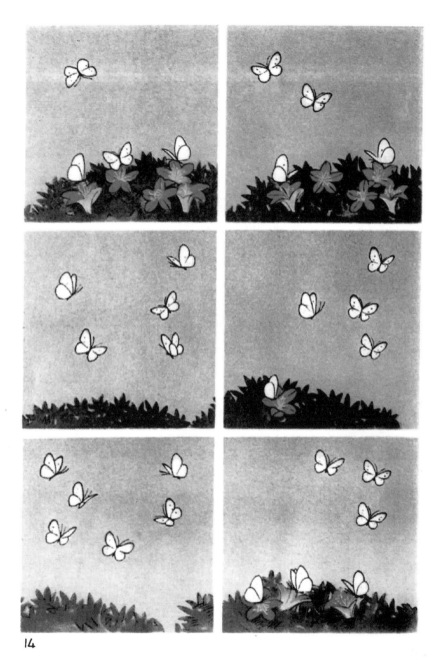

14

下線部からも明らかなように、教科書の教材は1つのモデル、これだけを扱うだけなら20分もあれば足りる⇒意図的にそうしてある。⇒だから、授業者一人ひとりが教科書の教材を基に工夫をこらし、眼前の子どもにかなった教材を自分で開発して1授業時間を有効に使う必要がある、ということを高木はここで説いている。

　数の増減に関する指導の基本は、
　　　　　事物を正しく数えること
　　　　　数の分析総合をなすこと
と、高木は考えていた。つまり同一の絵で、説明を変えることによって、増加と減少の感覚を分からせることができる。すなわち、最初に全体に着目して次に部分に着目すれば減少の場合となり、最初に2部分各々に着目し次に全体を考えれば増加の場合となる。そして、高木は次のように付け加える。

　　それで絵に対する児童の解釈を求めてそれに基づいて数の増減を取り扱ひ、又教師がこれと趣を変へた解釈をして数の増減を取り扱ふがよい。尚類似の題材を選んで、類似の問答を第一段（10までの数——引用者）の範囲内で行ふことを忘れてはならぬ。

第1次の指導例

　この蝶の単元は、2時間扱いで第1時間目は、蝶の数の増減。準備物は蝶とツツジの切抜絵、オハジキ、数図カード。指導要項と順序として、第1次指導は次のように、

1. 10までの数を順にまたは逆に数える。この仕事は加法及び減法の基礎であるから今後も繰り返し、繰り返し練習しなければならぬ。又常に1から順に数えるとか10から逆に数えるとかするばかりでなく、途中の任意の数から10まで順に数えたり、又は1まで逆に数えたりする練習をなす。その方法は、オハジキや切抜絵を数えてもよいが、なるべく実物の数え方を主としたい。

2. 数の数え方――単位、匹

　　蝶の切抜絵があれば尚更結構。

　　先ずこの頃ツツジの花の咲いている所に行くとどんなものが居るか
を問答し、蝶は何と云って数へるかを確かめる。切抜絵により「1匹、
2匹、……10匹」まで順にまた逆に数へる練習をなす。

　　或いは途中任意の数から10まで数へ上がったり、1まで数へ下った
りするような練習を十分行わねばならない。

3. 算術書の取扱（其の1）――児童用書は左上の絵から右に進み、中段に
移る。

　　蝶の形をした切抜絵でも10匹宛作っておけば誠に結構だが、蝶をオ
ハジキ如きもので代表せしめてもよい。

（イ）蝶が花に止っています。何匹止まって居ますか。――3匹

　　1匹飛んで来ますね。みんなで何匹でせう。

　　蝶の切抜絵により3匹出させ、そこへ1匹加える。何匹かを尋ねる。

　　これは前に述べた様に色々の方法をとる児童が出て来るであらう。
例へば

　　（ⅰ）3匹と1匹を一緒にして其の結果を数へることに依って知る。

　　（ⅱ）3匹を基礎にして4匹と云う様に1匹だけ加へて数へたす。

　　（ⅲ）数え主義に依らず3匹と1匹を合一して直に4匹と答へる。

　　多くの児童は（ⅱ）の方法を取るであらう。勿論（ⅲ）に依って分か
る児童はこの方法でもよいが、<u>こゝではこれを本体としない</u>。

（ロ）4匹は、花の蜜を吸って居ましたが、その中の2匹は他の方へ飛ん
で行きます。まだ蜜を吸っているのは何匹でせう。

（ハ）飛んで行った2匹は、途中で3匹の仲間にあひました。みんな揃っ
て花を見つけに行きました。何匹揃って飛びましたか。

　　（ⅰ）2＋1＋1＋1＝5　　　　（ⅱ）2＋3＝5

　　の両様がある。多くの児童は（ⅰ）の方法に依るであらうが、後者で
よく理解している者はわざわざ（ⅰ）に依らしめる必要はない。後者は
より進んだもので究極の目的であるが<u>急ぐ必要はない</u>。

（ニ）5匹の中、1匹は花を見つけてそれに止まりました。残りはまだ飛ん
で行きます。何匹飛んで行きますか。

引算は被減数の何れより取去るのも任意であるけれども、はじめは
5－1であれば5番目の数を1つ取去って4残ると云ふ様に行わしめ、
相当行ってから5の任意の1つを取去ればよいことを了解せしめる。

（ホ）4匹飛んで居ますと又仲間が2匹やって来ました。みんなで花をさ
　　がして居ます。何匹で花を探しているでせう。

（ヘ）6匹の中3匹が花を見つけてそれに止まりました。まだ花の見つから
　　ら無いのは何匹でせう。

4　算術書の取扱（其の2）

（イ）蝶は皆で何匹居るか。──4匹
　　　この中1匹は飛んで来る。花に止まって居るのは何匹か。

（ロ）2匹は他の方へ飛んでいく。まだ蜜を吸って居るのが2匹居る。皆
　　で何匹か。

（ハ）飛んで行った2匹も入れて途中で仲間が5匹になった。途中で出会っ
　　た仲間は何匹か。

（ニ）1匹は花を見つけて止まった。まだ4匹飛んで行く。皆で何匹か。

（ホ）仲間が2匹やって来たので、皆で6匹になった。初め何匹居たか。

（ヘ）3匹は花を見つけてそれに止まって居る。まだ3匹は花が見つから
　　ず飛んで居る。皆で何匹か。

5　算術書取扱いの伸展（例　其の1）

　飛んで行った3匹は途中で2匹の仲間に出会った。皆で何匹になったか。
5匹の中3匹は花を見つけて止まった。まだ花が見つからないのは何匹か、
等々。

6　つゝじの花の増減──算術書に依る。

　左上の絵にはつゝじの花がいくつ見えるか。右上の絵はどうか。右中
の絵はどうか。右下の絵はどうか。

　右上の絵の花と右中の絵の花とでは皆で幾つか。又右上の絵の方が幾
つ多いか。或いは又右下の絵のつゝじの花とも比較させる。

7　補充問題提示（実物又はオハジキで代用せしめたり、絵図に依る）

　○こゝに赤い球が3つと白い球が2つある。皆で幾つか？　実際に出し
　　て数えて見よ。

　○此処に帽子が4つある。もう2つ持ってくれば幾つになるか。もう1

つ持ってくれば幾つになるか。

○此処にお茶碗が2つ、向かふに3つある。皆で幾つか。

○卵が箱の中に5つある。今日1つ生んだ。これを一緒にするといくつか。

○子どもが7人遊んで居たが1人帰って了った。何人になったか。

○叔母さんから御土産に林檎を5つ頂いた。昼食後2つ食べた。まだ幾つ残って居るか。お三時に又1つ食べた。まだ幾つ残って居るか。

○鉛筆が6本あったが2本使って了った、幾本残って居るか。又1本使ふと幾木残って居るか。使ったのは皆で何本か。

6本ある鉛筆を3本使ふと後に何本残って居るか。

（下線――引用者、同、162〜168頁参照）

　下線部に、注目してほしい。2＋3＝5という抽象的な計算ができるようになることを、高木はねらっていない。この考えは、塩野主任も同じ。現場教師が、この絵を使って数の増減を幾度も幾度もイメージさせる（数は動くという関数関係、1対1の対応関係）ことに時間を充てることに不得手であることへの具体的な警告、と筆者は解釈している。

　2＋3＝5という足し算は、『尋常小学算術第一学年 下』の第一章で初め本格的に扱うことになっている。だから教師は、それを見越して、『上』の間（＝1年生の9月末まで）はゆっくりと、数は動くという関数関係と1対1の対応関係を子どもが興味を示す多様な具体物を活用しながら繰り返し繰り返し実際に操作させ、そのイメージ化を図っていくことに専念する、というカリキュラムだ。

　高木は、このような形で、尋1上から尋6下まで、算術教科書の各単元の授業展開例を示している。しかもその例は、彼が事前・事後の実験授業で実際に試みたものを基にしている。そして、あくまでも自分の実践例も1つのモデルに過ぎない、これを参考に各自工夫に努力されたし、という提示の仕方である。現場教師にとって、これほど有益な参考資料の提起はないであろう。かくして高木が、国定教科書算術の編纂に参画した意義は非常に大きかった、と筆者は結論づけたい。算数という1教科内ではあるが、[方法の改革⇒内容の改革⇒目標の改革]というボトムアップの方向

でのカリキュラム開発が、部分的にではあれ具現化されていた事実が明らかになるからである。

『小学算術』の評価

本節を閉めるにあたって、高木本人はこの新国定教科書をどう見ていたのか、彼の著『『小学算術』の研究 （緑表紙教科書）編纂の背景と改正点及び日本算数教育の歩みと将来への論究』から紹介しておこう。同書最後で彼は、「実情と反省」を記している。書き出しは、

> 昭和10年第一学年の……前期用は全部絵だけであったためか、……たんに算術教育界だけでなく、子供をもつ家庭の人はもちろん、一般の人々にも大変な反響があった。他の絵本と比べて、値段が安かったせいかもしれないが……この教科書は子供の喜ぶ"算術の本"というわけで非常な人気ものとなった（同、386頁）。

である。教科書の値段が安かったとあるが、「第一学年児童用　上」の奥付には「定価9銭」と記されている。これは当時のそば1杯の値段。
ところが学年が上がるにしたがって、「むつかしい、教師用書は煩雑で、理解困難」などの批判が出だす。その原因として、彼が挙げていることは、

> ① 編纂精神の不徹底、
> ② 大部な教師用書、
> ③ 小学校教師の現職教育が不十分、

の3点である。しかし、④として「緑表紙の教科書が出てから、小学校の算術教育界は非常に活気を呈してきたことも事実で、四つの高等師範学校附属小学校の算術研究者、私立学校小学部の熱心な算術研究者が中心となり、また府県においても、師範学校附属を中心に研究会、講習会が行われ、月刊雑誌とか算術教育のシリーズが相次いで出版されたこと」も事実と弁明している。
そして「結語」として、

われわれの心血を注いだ緑表紙教科書は、今日これを見ても決して見劣りがするものではなく、内容においても今日を凌ぐものがある。ひたすら日本の子供のためによい教科書をと念じて編集に当たった真意を汲んで、今日緑表紙の研究をしてほしいと念ずるのは私一人ではなく編纂に当たった皆の願いであると確信する（同、389〜390頁参照）。

と、結んでいる。高木が、高師附小や私学小の算数教師を算数研究者と呼んでいることにも、注目したい。高木は、これら現場教師を研究者すなわち研究的実践者と見なしているからだ。また、ここで言う今日とは、彼が学位論文を書き上げた1970年代後半。当時の時点からの第三者評価として、もう1人海後宗臣の解釈と評を挙げておく。海後等編（1962）『日本教科書体系　近代編　第十三巻　算術（四）』の解説の要点を拾い上げれば、

1.　教育思想の上では世界的な「新教育」がこの機の教科書の編集に端的に表れた。……色刷の絵をはじめ、……児童の生活と心理を尊重し、児童の経験と活動を重んずるいわゆる「児童中心主義」の思想がはっきりと示されている。
2.　これは、第三期国定教科書を修正したものではなく、全く新しく編集した教科書。論理的・抽象的な数学教育を改めて実験・実測を重んじ、関数観念を導入するなどの数学教育上の大改革がこの編集に際してとり入れられた。
3.　教材選択の基準は、(1)数・量・形に関する基本的なもの（数理思想の開発）、(2)日常生活によく現れるもの（生活上の必要）、(3)児童の心理・技能に適応するもの。排列は、「数理の系統」を基本としながら、「児童の心理の発達」に応ずるよう考慮。指導の方法としては、学習に興味をもたせ、心身を働かせる作業によって学習させる。また教材とり扱い上の注意として、地方への適応、児童の個性や個人差への考慮を要求。

このように、「本書は世界的な新教育思想と数学教育改革運動の潮流に

乗ってわが国の算数教育の改革の上にもった意義は極めて大きく、算数教育史上画期的な意味をもつ教科書」と海後はまとめている。[7]

第3節●清水甚吾の実践

第3学年の授業

　もう1人、前章で取り上げた清水甚吾が『尋常小学算術新指導書　第三学年用下』（東洋図書、1939）を著している。これは、清水が「教壇上で指導している事が手に取るように又目の前に見るように指導の実際を展開した」ものだ。新国定教科書『尋常小学算術』が、教育現場で実際にどのように使用されたかを検討する格好の資料といえる。清水は、新国定教科書を次のように肯定的に受け取っている。

　　新算術書になってから、従来とは、算術材料の選択、及び算術教育の方法が、画期的に革新された。即ち、<u>従来は、低学年に於いて、主として数計算の材料のみが選択せられ、一日も早く抽象的の計算ができるやうにと考へて、算数教育をした</u>ものである。然るに、新算術書になってからは、<u>尋常第一学年の上巻から、数、量・形といふように多方面から材料が選択せられ、抽象数による計算は急がないで、事物を対象として直観や数へ方を重んじ、数観念の養成に努め、算術のあらゆる方面の発展を図って来た。</u>
　　従って、新算術書による新算術は計算能力の低下を来したといふことを屡々耳にする。これは前述の通り、最初から計算指導といふことに没頭しないで、もっと大きいところからながめ、算術が大いに発展するために、その基礎を築くことに力を注いで来たから、かかる感じがするのはやむを得ないことである（下線――引用者、同、26頁）。

　清水は、新国定教科書『尋常小学算術』が、従来のように「一日も早く抽象的な計算ができるように」という方針から、「（尋常1年の初めから）数、

量・形といふやうに多方面から材料が選択せられ、抽象数による計算は急が（ず）事物を対象として直観や数へ方を重んじ、数観念の養成に努め、算術のあらゆる方面の発展を図（る）」方針に大転換したこと。そのため、計算能力が低下したとしても、「最初から計算指導といふことに没頭しないで、もっと大きいところからながめ、算術が大いに発展するために、その基礎を築くことに力を注（ぐ）」ことの方を、歓迎していたことが分かる。

　実際の授業指導に当たって、彼が最も苦心したところは、学習の出発点。教科書を読ませて出発したり、掛図によって出発することは、極めて楽だが、それでは新算術の目的に合致しない、と彼は考えていた。この点を、彼に直接聴いてみよう。

　　新算術の精神は、児童生活に即し、児童の必要観に訴へ、数理思想を開発しようといふこと。……特に、導入問題に於いては、教科書に導入問題が掲げてあるからといって、必ずしもその問題から入らなければならぬといふことはない。導入問題といふのは、児童の興味と関心が多く、而かも、その問題に開発しようといふ数理が含んでゐなければならぬといふ必要感が湧然として起こり、どうしたら解決することが出来るかといふことに、みんなの興味と注意が集まり、学習の雰囲気が学級内に醸成されねばならぬのを要件とする。……導入問題といふからには……本当に必要感から解決するといふような意味で、事実問題を取扱ひたいものである（下線──引用者、同、31頁）。

　下線部のように、導入問題は、児童の興味、関心が多く、どうしたら解決できるかとみんなの興味と注意が集まり、どうしても解きたいという雰囲気が学級内に充満するような「事実問題」を取り扱いたい、というのが彼の本音である。こうして、

　　出来る限り、児童の生活に即し、児童の必要感に訴へ、児童の興味に投じ、児童をして自発的に発見的に学習させる。そして、出来る限り、実際的に具体的に指導する（同、32頁）。

導入は事実問題から

「導入は事実問題から」という方針こそ、彼をはじめ、高木も塩野編纂主任も求めていたものであった。事実、『尋常小学算術　教師用』の〈第三学年下〉の凡例にも、以下のように記されている。

　　児童用書に掲げたものは、代表的な例に過ぎないから、適当なものを選んで補充する必要がある。殊に実施について、児童が必要を感じ、興味をもってこれを考察し、処理し、工夫するように指導することは、極めて重要なことである（下線——引用者、同、64頁）。

下線部は、清水と全く同質であることが分かろう。それともう1つ、清水は、劣等生への配慮を忘れていないことに、筆者は注目したい。彼は、以下のように言う。

　　教師が暗示啓発を為し、或いは発問した時に、優等児数名しか挙手していない時には、問の内容を平易にするとか、或いは問をいくつかに分解するかして、出来るだけ多数の児童を活動させるやうにしなければならぬ。往々にして二三の優等児挙手すれば、それをのみ答へさせて指導を進めるのを観るが、これは通り一遍の皮相的な指導に流れてしまふ。実際指導に於いて、出来ない児童を如何にして引き立てて行くか、如何にして出来るやうにするか、その点の工夫と実際指導の修業を積まねば、学級全児童の成績を向上させることは到底出来ない。……視覚、聴覚、筋覚とあらゆる感覚に訴へて、児童の全心身の活動によって学ばせ、特に筋覚に訴えて学習させる時間に個人指導分団指導の機会を作り、優等児の発展と遅進児の指導救済に務める（清水前掲『尋常小学算術新指導書第三学年用下』、32頁）。

　　清水が、早く進む者にはどこまでもそれを認め、学期、学年の枠を越えて上の学年の教科書を与えていくと同時に、遅進児への目配りも決して怠らず、学級全体の児童の発展を求めていた、そのためにも事実問題から授業を始めるという方針は、小学校教師として今日でも学ぶべきことと言えよう。

事実問題から授業を始めるというこの方法は、木下竹次が主張した[教材は子どもが採る]の具現化である。では、清水は、実際にいかに授業を展開したのか。国定教科書尋常3年下の1頁「方位」で検討してみよう。

　児童用教科書1頁には（下の［方位］の図）、

　［方位］
　　北ト東トノチャウドマン中ノ方位ヲ、北東トイヒマス。
　　北ト西トノチャウドマン中ノ方位ハ、何トイフデセウ。南東ハ、ドノ
　　方位デセウ。……北ト北東ノ間ノ角ハ、ドンナ角デスカ。……
　　自分ノ家ハ、学校カラドンナ方位ニアルカ、シラベテミマセウ。

　　これで1時間の授業をする。清水は、「本時の目的」として、「尋1下巻で指導した東西南北の四方を基にして、北東、北西、南東、南西を指導し、方位を一層明確にすること。」と規定した後、まず、子どもたちを運動場へ連れ出す。
　そのために教師が準備すべきものは、
　1. 1頁の方位図を拡大したもの
　2. 磁石、三角定規
　3. 運動場の或地点を方位指導場として選定しておく
　4. 運動場に方位図を描く木か竹の棒

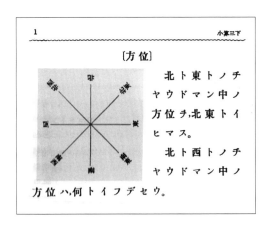

1. 運動場の或地点を中心とした方位

　1学級の児童を対象として方位を指導するには運動場の中央位の或地点を選び、方位指導に好都合である正方形に整列させて指導するが、最も適当である。実際の方位といふものを実際に合致させるやうにおいた方位図と対照して指導しなければ適切な指導はできない。教室では方位図を立面に置いたり板書したりしないと児童全体にはわからせにくい。これでは、実際の方位といふものと方位図とが一致しない。この点、運動場では、非常に便利である。

　勿論、教室で、児童各自に児童用書第1頁にある方位図を平面に置かせて、図の方位を実際の方位に合致させることは出来るが、どうしても、中心にする大きな方位図か、或いは大きな方位図を描きつつ指導する必要がある。それには、教室より運動場の方が遥かに便利である（同、45～47頁）。

　清水は、①実際の方位は、実際と合致した方位図と対照させつつ、指導する。②教室では、方位図を立面に置いたり板書したりせざるを得ないが、これでは実際の方位と方位図が一致しない。そのため、了解できない児童が生じてくる。

運動場での授業

　この種の「落ちこぼし」を防ぐために、児童と共に、運動場で大きな方位図を描くという「筋覚」（doing）に訴える方法を採る。
　つまり、

　　最初は既成の方位図でなくて、以下指導の進行に伴うて、方位図を児童が囲んで居る中央の地面に竹か木の棒で描きつつ文字も書いて指導する。

　子どもの目の前で、教師が地面に方位図を描きながら、北、北東などの文字も書いていく。この光景を見ている子どもには、先生も私たちと一緒により細かい方位を確認している仲間と映る。それを見越して、「最初は（教科

書の）既成の方位図」を使わないで、子どもたちを方位図と対照させがら指導できるという教材解釈・授業構想が、清水の特徴であることが分かる。

授業は、次のように進んでいく。

⑴ 運動場の或る地点を中心として、東・西・南・北を実際に指して言わせる。

⑵ その地点から見える適当な地点の方位を言わせ、見えなくても、郷土の神社とか、市役所、町役場とか、停車場とか、適当な地点の方位を言わせる。

⑶ こんな方位を言ふのに、東・西・南・北だけの四方だけでは十分に言ひ表すことが出来ない。そこにもっと、方位を言ひ表す名があるとよいといふ必要感の境地に児童を導く。

清水は、ここでたくみに、「東・西・南・北の四方だけでは十分に言い表」せない、もっと細かく「方位を言い表す名が（ほしいという）必要感の境地に児童を導く」タクトを活用している。そして授業は、

⑷ 北と東のちやうど真中の方位にある実際の物について、北東といふ方位を指導する（実際に教師も児童も指しながら指導する）。

教師も児童も実際の物を指しながら、と清水が得意とする「筋覚」に訴える指導が、見える。この調子で、（省略した）⑸、⑹、⑺と北西、南東、南西の指導が続く。そして、

2．拡大した方位図を正しい位置に置き対照。

それは以下のようである。

児童の注意を集め、且発見させつつ、運動場に方位図を描きながら指導してきたが、ここでは、児童用書１頁にある下（本書139頁）のやうな方位図を拡大したものを運動場に画いた方位図（之は正確には出来ていなゐであらう）の上に、而も実際の方位と合致するやう正しい位置に置いて、この図に照らして実際の地点の方位を明らかにする。さうして、是等の

方位の中間の地点は、<u>北東よりも少し北とか、北東の北との間</u>とかいふやうに表させる（下線――引用者、同47頁）。

　このように、清水は、教師が児童の目の前で実際に方位図を描きながら、さらには(1)～(7)と児童と共に実際の方位を指さし（筋覚）ながら、児童に発見させつつ授業を展開している。そしてこの時点で、下線部のように（自然に）教科書の枠を超えて、さらに細かい「北東よりも少し北とか、北東の北との間」の方位まで自然に発見させていることがうかがえる。そして、

3.　以上を児童書により整理

という本時の最終段階に移る。それは、

(1)　皆さんの持って居る算術の本の第1頁を開いてごらんなさい。方位の図があるでせう。図では、北を上に、南を下に、東を右に……表はすものですが、これは本当の方位とはあひません。今その図が本当の方位にあふように本を向きかへてごらんなさい。（本の図を実際の方位に合ふやうに置いた時には、児童の中央に置いてある拡大した方位図と方位が合致して居るか、めいめい対照させ、教師はこれを検す。）

(2)　児童用書第1頁上半分の所だけ読ませながら次のやうに整理する。北ト東トノチャウドマン中ノ方位ヲ、北東トイヒマス（実際にその方位を指で指させる。）……

　(1)で、教科書の図では、北を上に表すが、これは本当の方位とは合わないことを子どもに確認させた上で、自分たちの中央に置かれている拡大した方位図と合わせ、各児対照させ、教師がそれを検するという丁寧な指導がここでもなされている。そして(2)で教科書の第1行目を読ませ、実際にその方位を指さささせて、筋覚に訴える指導を続けていく。そして、

4.　各方位間の角

に移る。

(1) これは、上巻で指導した角に関する復習をふくめたものである。それで、先ず東西南北の各方位の角はどんな角かを問うて、直角であるこ

とを確実にする。

(2) 児童用書を読ませながら指導を進める。

　　北ト北東ノ間ノ角ハ、ドンナ角デスカ。

　　北と東との間の角は直角であって、北東はちやうどその真中の方位だから、北と北東との間の角は、「直角の半分」又は「直角の二分の一」と答へさせる。……

　　北東ト南東トノ間ノ角ハ、ドンナ角デスカ。

　　前と同様にして、直角と答へさせる。

　　この方位間の角を指導する際に、<u>直角よりも大きい角をなす2方位間の角には触れないのがよいと教師用書</u>にはあるが、児童が自発的に質問したり、又は発見したら、一直角半とか、二直角とか指導したがよい（下線——引用者、同、47〜50）。

　ここでも、清水は、「筋覚」に訴える丁寧な指導をしていることと、最後の下線部のように（教師用書には）直角よりも大きい角をなす2方位間の角には触れないのが良いとあるが、児童が自発的に質問したり、発見した時には、自分は指導する、と記していることにも注目したい。つまり、ここからも、彼が大歓迎している新国定教科書であっても、その枠を超え出る学びに向かって子どもたちが自発的に、発見的に挑戦していく姿勢に合わせて即興的にカリキュラムを編成していることが分かる。つまり、清水が大歓迎した新国定教科書の場合でも、彼は、教科書に即して授業を進めるのではなく、子どもたちの自発問題に即して授業を展開していく実践主体であり続けていることが確認できる。

　これでもって本節の目的が達成できたので、この後、この時間の最後として、「自分ノ家ハ、学校カラドンナ方位ニアルカ、シラベテミマセウ。」と言う教科書の問題を考えさせているが、それは省略する。

小倉金之助の応援

　さて、この新教科書の反響はどうであったろうか。まず1つ、1936年7月、ノルウェーのオスロで、第10回万国教育会議が開催された。第8部会の国際数学教育委員会には、文部省督学官下村市郎と東京文理大教授国枝元治が出

席。そこに持参した『尋常小学算術第一学年児童用　上』を目にしたドイツ、イギリス、オーストリアなど各国代表が、素晴らしい、ぜひ母国に持ち帰りたい、と大歓迎を受けた、と言うエピソードを紹介しておこう（塩野『数学教育論』52頁、および松宮哲夫（2007）『伝説の算数教科書〈緑表紙〉』18頁参照）。

2つ目は、小倉金之助の解釈と評価。教科書編纂主任の塩野は、1932（昭和7）年5月、数学教育界の代表を文部省に招いて意見を聞く。候補者の1人として彼は小倉を推薦したが、文部省には認められなかった。それでも塩野は、教科書編纂に関して引き続き小倉の所へ相談に出かけている。筆者の手元に、彼と小倉との間柄がうかがえる興味深い資料がある。それは、「『小学算術』に対する所感」と題する小倉の講演。この講演は、1938（昭和13）年12月2日に東京府女子師範（現東京学芸大学の前身の1つ）附小で2日間にわたって行われた算術研究会でなされたもの。2日目には、塩野当人の講演があった。小倉は、以下のように新教科書を評価する。いくつか要点を拾い挙げてみよう。

　　非常に結構。こういう教科書が出ればこそ、わが国の算術教育も世界的レヴェルに到達できる。（その理由は）新算術書は、児童の数理思想を開発し、日常生活を数理的に正しく指導する——かように児童の生活と数理の二つを統一する立場に立っている。この立場は、数学的にも教育的にも正しい。

と、持ち上げた後、（どういう点が、実際によくできているか。これについては）「明日文部省の塩野先生から、直接詳しいお話があると思います……」と断った上で、彼が評価する以下の3点を挙げている。

1）（黒表紙の）実際の役に立たない名ばかりの応用問題の排除。
　　よい算術の問題とは、
　(a) 問題が真実性を十分に持っていること。子どもの生活にとって、はじめから嘘のようなものでは困る。
　(b) 実用価値のあるもの。

（c）興味性に富んだもの。

2）有用な材料を新しく取り入れた点。

　　幾何図形に関する基本、統計的な取り扱い、関数の概念というような事物の関係を探し求める根本の考え方が早くから採用された。

3）しかもこのような材料を、用意周到な方法で、日常生活とよく結びつけ、児童の心理や技能に適応するように処理した。

このような素晴らしい教科書の出現に対して、文部当局（とりわけ塩野——引用者）の努力に深く感謝するとともに、今後この教科書を使って算数の授業をしていく先生方に対してお願いしたいことがある、と以下のことを訴える。

ア）　今までよりも、もっと広く、かつもっと深く、数学そのものに精通しなければならない。こんどの新算術は、数理と生活の統一というデリケートな関連の上に立っているので、先生方がよほど努力しないと、子どもたちには、ただばらばらな知識の断片のみが与えられ、算術教育は何もかも駄目になる。

　　（この問題を根本的に考えるなら）師範学校のレヴェルを高めること。現在の師範学校の程度ではこの新算術書を活用することは困難。……また小学校の先生たちに、修養と研究の時間を与えよ。俸給なども増して研究の余裕を与えるがよろしい（拍手）。

　　（しかし、目下の実際案としては）教師用書を徹底的に研究すること、教師用書は非常に注意深く、よく書かれている。それを精読し、十分に消化してから、自分の考えを入れて児童用書を使いこなすことが大切。

イ）　教師用書が実際指導の方法に対してあまりにも細かく書かれ過ぎている。生徒はあまり細かくいわれないでも、自分自身で探求もし発展もしていくべきもの。子どもが自分で探求していくように導くところにこそ、教師の任務がある。それには教師自身にも、もっと活動の自由が許されねばならぬ。……新算術の意図は、自分で考え自分で創造するように、生徒を教育するところにあるが、それには教師みずからそうなるように、訓練されなければならぬ。

もっとも大切なことは、書物から算術を学ぶのではない、現実の問
　題に触れ、現実の問題を取り扱うために、必要欠くべからざる数学的
　な見方、取り扱い方を学びとる——ここに小学算術教育の精神がある。
　現実を通して問題を見つめる——これがもっとも大事。

以上のような整理を踏まえて、小倉はさらに次のように講演を続けている。

　（私一個人の卑見としては）算術教育は現実の問題から出発する。そして
　その問題を解決するために、いかに数学的に見るか、いかに数学的に考
　えるか、いかに数学的に取り扱うか——こういう数学的な見方・考え方・
　取り扱い方を、現実の問題を通して採り上げる。現実の問題を通じて数
　学を学び取るところに、算術教育の本質や価値があると思うのです。……
　そのためには、関係の観念すなわち関数関係などが、もっと中心に置か
　れるべきではないか。……このように、判然とした科学的精神を一本筋
　にねらいますならば、教材をもっと少なくしてもすむ……そしてその時
　間の余裕をみて、相当に長い期間の研究課題を与える。すなわち生徒が、
　……一定の期間やらねばならないような、生活的な作業的な、大きなテー
　マを与えて、これをまとめるように指導する。その方が、区々たる末梢
　的な算術問題を解くよりも、どんなに有効であるかしれないと存じます。

実はこれが、小倉金之助の算術教育に対する本音だったのではないか、と
筆者は考えている。このような本音を具体化するためにも、今回の新教科書
が出たことを最適の契機として、「少なくともこれ以上の小学算術が、改造
に改造を重ねて、つくりだされなければなりません。しかもその任務はだれ
の手によって果たされるのですか。それは小学校の先生方を除いて、ほかに
は絶対に求められないのであります。いかなる困難をふみ越えても、みなさ
んが成し遂げねばならない。その使命の重大さを、深く考えなければなりま
せん。」と熱いエールを送って講演を閉じる（小倉金之助、2007『われ科学者
たるを恥ず』法政大学出版局、135 ～ 162頁参照）。小倉も、授業実践家による
下からのカリキュラム改革を願っていた、と結論づけることが許されよう。

第4節◉国語読本「稲むらの火」

　本章を閉めるにあたって、最後にもう1つだけ付け加えておきたいことがある。それは、今まで検討してきた「下からのカリキュラム改革」は、算術科だけだったのか、他の教科ではなかったのか、という問題である。1933（昭和8）年から使用された国語読本の表紙も、黒表紙から薄茶色に代わる。表紙だけが明るい色に変わったのか。

　読本の黒表紙については、1925（大正15）年、山本有三が1人の親として、痛烈な批判をしている。数え年5歳の息子が隣の小学1年生のカバンを見て、自分も欲しいと言う。カバンを買い与えると、教科書も欲しいと言うので、尋常1年の国語読本を買い与えたが、1日で本の方は放り出したそうだ。なぜかと思って、読本を手にとった山本は、「背筋がヒヤッとするほど、ある恐れを感じ」た。その理由を2点だけ紹介しておく。

1. ろう獄の壁をおもわせるようなネズミ色の粗悪な紙、そして罪とか暗黒をしのばせる真っ黒い背のぬの地……もうこれだけでも、教科書とは暗いもの、冷たいもの、いとわしいもの、おもしろくないものという感じを、子どもの心に与えるのに十分ではないか。
2. ひどいのはそのさし絵である。……どのページにもどのページにも、拙劣醜陋（シュウロウ）の絵が背なか合わせをしていると言っても決して過言ではない。ことに、桃太郎が2つに割られた桃のあいだから、その姿を現わしている醜い顔に至っては、到底正視するに堪えないものである（『定本版山本有三全集』10巻、新潮社、1977年、89～90頁参照）。

　この山本の読本批判からも、先の『尋常小学算術第一学年児童用　上』のカラー本の人気の良さが傍証されよう。

教材公募

では、読本では中身までに及ぶ大修正はなかったのか、という疑問が筆者

の頭に浮かんだ時に出会ったのが、鈴木道太（1970）『ああ国定教科書　怒りと懐かしさをこめて』（レモン新書）。鈴木は、戦前の有名な生活綴方教師。その彼が、戦前の読本にもきらりと輝く優れた教材があった例として、「稲むらの火」を挙げている。そこで彼が記していることは、

　　「稲むらの火」などは、……子どもたちにあたたかい感動を与えたものであるが、それは主人公の五兵衛が村人の命のために農民がもっとも大事にしている自分の稲を燃やしつくした犠牲があったからである。
　　稲は百姓にとって一年の汗の結晶である。こんにち（1970年——引用者）のような農機具の発達していなかった昔は、それこそ粒々辛苦、汗の結晶である。それを五兵衛は火に燃いた。自分の稲田の稲のすべてに火をつけた。津波の予感は五兵衛の経験と生活の知恵であろう。しかし、早鐘をつくぐらいでは村民のすべてを高台に集める手段にはならない。五兵衛は自分の、いわば百姓の宝を灰燼にすることによって、村人全体のいのちを救ったのである。文章も簡潔で、くどくどとした五兵衛への感謝の言葉などを書いていない。
　　無言のまま五兵衛の前にひざまずいてしまった。ヒューマニズムにはかならず犠牲が伴う。五兵衛の場合は農民の汗の宝を灰燼にした（同、99〜103頁参照）。

　ちょうどこの頃、筆者は東井義雄が戦後行った「稲むらの火」の授業記録に取り組んでいた。そして、東井の子どもたちが、鈴木の指摘する程度まで深く読み込んでいることを発見していた時期であった。より詳しく「稲むらの火」について調べたくなり、和歌山県広川町（旧広村）にある「稲むらの火の館」に、調査に出向いた。そこで分かった事が、この「稲むらの火」は、当時和歌山県日高郡南部小学校の訓導中井常蔵がラフカディオ・ハーン（P.Lafcadio Hearn.1850-1904）のA Living Godを小学生用に翻訳し直したもの、という事実である。なぜこのようなことが起こったのか。それは、本節最初で述べた国語読本の大修正と関係があったのではないか、という仮説である。
　文部省は、尋常5年用国語読本の教材募集を1934（昭和9）年に行っている。中井は、この教材公募を見て「稲むらの火」を応募しようと思い立った。中

井が思い立ったのは、以下のような理由によるものと思われる。

　中井は、旧広村（現広川町）の隣湯浅町生まれ。県立耐久中学校（現県立耐久高等学校──校庭に濱口梧陵像がある）に入学する。第1学年の成績は、102人中1番と主席であった。耐久中学校のルーツは、広村に建てられた耐久舎。この舎を幕末に建てたのが、「稲むらの火」の主人公庄屋五兵衛。英語の時間に、中井は、ラフカディオ・ハーンのA Living Godと出会う。英文を読んでいて、A Living Godに出てくる堤防は、自分がここを通って毎日中学校へ通学していた堤防であり、この堤防を造った人こそ、A Living Godの主人公五兵衛、すなわち自分が幼少の頃から聞かされてきた郷土の義人濱口梧陵＝現ヤマサ醤油7代目であることを知る。

　中井は、英文を読みながら、物語の内容も濱口をモデルにした感動的なものであることを、そうだ、その通りだと心の底から納得したにちがいない。濱口は、大津波に襲われた広村の人々を救った。その上、復興の目途が立たず途方に暮れる村人たちに、衣食住を保障し、自分たちで村を再び復興させようと呼びかけ、私材をなげうって広村堤防を造った話を幼少の頃から聞かされていた。──この広村堤防構築の話は、3. 11東北大震災・津波後、京大防災研究所長河田惠昭（当時）が「百年後のふるさとをまもる」（光村の国語教科書）として教材化されている。

　中井は、耐久中学卒業後、和歌山師範を卒業し地元の湯浅小学校に赴任するが、改めて勉強したくなり同師範専攻科に入り直す。修了後附属小の訓導を経て日高郡南部小学校に勤務。この間、母校で学んだA Living Godの感動が忘れられず、教師になった以上、この話を子どもに伝えていく使命があるという想いが強くなっていったものと思われる。ちょうどその時、文部省の教科書教材公募を目にした。

　中井は、早速A Living Godを小学生にも分かるようにコンパクトにまとめて和訳し、「燃える稲むらの火」という題で応募する。3年後の1937（昭和12）年9月に採択の報せがあった。その様子は、同年10月15日付けの『大阪朝日和歌山版』で、「"稲むらの火"は輝く　郷土の義人濱口翁の巨姿　中井先生の作が読本に」という見出しで、『国語読本　巻十』に「稲むらの火」が登場したと伝えられる。この中井先生こそ、「稲むらの火」の和訳者中井常蔵。その時中井は、新聞社のインタビューに「身に余る光栄であり、

私の微力により郷土の大先輩濱口翁の輝かしい事績が国民教育の教材になったことは、全くの怪我の功名であります」と応えている。[8]

　国語読本編纂にあたり、文部省は教材を広く全国の教員に公募した。それに中井が応えて応募したのが、「稲むらの火」。国定教科書であるため、著作権は文部省に移るが、教科書編纂の際に広く一般教師の声を聴いている。文部省というフィルターを介してではあるが、学校現場の教師が創り出した教材が採用されたという事実は、本書の趣旨に合っている。

　尋常小学算術普及のために小倉金之助が行った先の講演で、「これ以上の小学算術が、改造に改造を重ねて、つくりだされなければなりません。しかもその任務は小学校の先生方を除いて、ほかには絶対に求められない、……その使命の重大さを、深く考え」てほしい、と訴えたこととも重なる。

　小学校の教師になった以上、なんとしても濱口の事績を全国の子どもたちに残したい、という中井の執念が文部省によって認められたのである。なお、教科書に関して言えば、「稲むらの火」は、1925（大正14）年に初めて翻訳され、中等学校教科書『大正国語読本巻二』に「濱口五兵衛のはなし」として掲載されている。また翻訳本『学生版小泉八雲全集第四巻』（第一書房、1928）には、「生神」が収録されている。文部省の役人も「生神」を全然知らなかったわけではなかったであろう。だが、小泉八雲のそれは、中井の和訳と比べて少し冗長すぎて、小学国語読本には不向きと考えていたものと推測される。

　これは後日談になるが、「稲むらの火」で中井は、1987年度防災功績者として国土庁（現国土交通省）から大臣表彰を受ける。その時の中井の言葉が、「稲むらの火の館」に残されているので紹介しておく。

　　私の母校創立者の濱口梧陵翁に卒業生の一人として答辞としてさし上げたいと思ったのが、私がペンを握ったことでございます。……この梧陵翁の事績を親日家の文豪小泉八雲先生が本当に日本の精神の生神様であるというふうにああいう文章にこしらえられ、それを私が盗作じゃございませんけれども、すっかりそのままいただきまして、子供にわかるようにと描いたのが「稲むらの火」でございます。今日の私の光栄は、梧陵翁である。そして小泉八雲先生である。

さらに興味深いことをもう1つ紹介しておこう。「稲むらの火」は、スマトラ沖地震の津波大災害を受けて2005年1月ジャカルタで急遽開催された「津波サミット」でも注目を浴びる。中井訳の「稲むらの火」がまず"Inamura no Hi"として英訳され、さらにフランス語、スペイン語、ポルトガル語にも翻訳されて、今や世界中で津波災害を最小限に減らす教材として使用されている。ラフカディオ・ヨハーンのA living God をそのまま使わずに、わざわざ中井の「稲むらの火」を英訳しているところに驚くのは筆者1人ではあるまい。ここからも、中井常蔵の子どもたちに伝えたいという主体的実践者としての執念ともいうべき授業改革、カリキュラム開発への熱意がうかがえるからである。

まとめ

　本章を閉めるにあたり、筆者の気持ちを記しておきたい。

　算術の授業改革に関して、（前章の）清水甚吾や高木佐加枝といった主体的実践者が努力した授業改革、児童化したカリキュラム開発、塩野直道ら文部省教科書編纂官が現場教師の声を聴きとり、それを少しでも国定教科書に反映させようと尽力した結果、『尋常小学算術（緑表紙）』ができあがった、その上さらに国定教科書の改善・補充まで現場教師にゆだねようとした事実が明らかになった。

　国語読本に目を移すと、読本の新国定教科書（薄茶色表紙）に地方の尋常小学校訓導中井常蔵が翻訳・再話した「稲むらの火」が採択されたという事実も分かった。ここにも、カリキュラム開発の地域化・児童化という視点から見ると、読本という狭い枠内ではあるが教育目標の改革があったと言えよう。

　算術と読本に限ってではあるが、[授業方法の改善⇒授業内容の改革]の試みが、実際に行われていたことが明らかになった。方法の改革という「点」的努力が、教育内容の改革に、さらには[教育目標の改革]にまで影響を及ぼすという「線」的努力に拡がっていく方向性が、かすかにではあるが見通せるようになった。しかし、筆者が試みたことは、そのほんの一部に過ぎない。わが国には、この方向での授業改革実践がまだまだ無数に埋もれている

はず。この視点から、今後もより一層の授業実践史研究の拡大・進化に若干なりとも寄与していきたい、というのが筆者の率直な気持ちである。

〈本章は新たな書下ろし〉

註

1）国定教科書『尋常小学算術』の編纂過程に係る先行研究としては、高木佐加枝（1980）『「小学算術」の研究　（緑表紙教科書）編纂の背景と改正点及び日本算数教育の歩みと将来への論及』（東洋館出版社）と奥招が 1994 年に筑波大学へ提出した博士論文『昭和 10 年代にみる算数科の成立過程に関する研究』が詳しい。

2）東京高師附小内初等教育研究会編（1929）「算術教育の研究」81 頁。

3）清水甚吾（1931）『算術教育の新系統と指導の実際』、目黒書店、7 頁。

4）塩野直道（1947）『数学教育論』河出書房、啓林館復刻版（1970）、30 ～ 54 頁参照）。

5）当時の「数理思想」については岡野勉（1990）「算術教育の目的としての『数理思想』の形成過程」『北海道大学教育学部紀要』第 54 巻が詳しい。

6）塩野直道（1935）「尋常小学算術編纂の大意」（塩野先生追想集刊行委員会編、1982、『随流導流』啓林館）8 ～ 22 頁参照。

7）海後等編（1962）『日本教科書体系　近代編　第十三巻　算術（四）』講談社、358 ～ 364 頁参照。

8）詳しくは、拙著『東井義雄の授業づくり　生活綴方的教育方法と ESD』を参照。

第5章

生活綴方教師の授業改革

　算術における塩野直道編纂主任や清水甚吾、高木佐加枝訓導らの緑表紙教科書づくり、国語読本で中井常蔵訓導がつくり出した「稲むらの火」の教材開発を考え合わせると、授業方法の改革⇒内容の改革⇒目標の改革という「下から上へのベクトル」での教育改革の風潮が、昭和10年頃までの間に算術で、読本でという「点から線へ」と拡大していった事実を前章で確認した。この線は、まだかすかにつながりかけているという細いものであることは言うまでもないが。

　この時期には、もう1つ、子どもに主体的な学習を保障しようとする動きがあった。官憲に検挙されたり、教員免許をはく奪されたりする危機を背負いながらも、子どもに主体的な学びあいを保障していこうとした生活綴方教師たちの運動である。

第1節◉東井義雄の算数

算数の綴方

　『東井義雄著作集3』（明治図書、1972）の中に、「桑原たちの算数」という実践記録がある。[1] 桑原一夫らは、豊岡市の豊岡尋常高等小学校（＝国民学校）2年生――これは、1941（昭和16）年度、同校に於ける東井最後の学級担任。同級生に、「調べる理科」の小川哲、「クレパスのねだん」の岩本成明がいる――この2人については別なところですでに分析、紹介した（拙著『東井義雄の授業づくり　生活綴方的教育方法とESD』『東井義雄　子どものつまずきは教師のつまずき』いずれも風媒社）。桑原らは、国民学校になって最初の児

童で、東井から国定教科書『カズノホン』を教わっている時、算数の「ひとりしらべノート」を残している。このノートは、桑原らがこの国定教科書を、東井からいかに学んでいたかを検討する格好の資料になる。早速分析に入ろう（⇒［　］は、筆者のコメント）。

　　（桑原は、はじめ、専ら数える算数をやっていた。）
　　私たちのくみをしらべる
⑴ きょう、けっせきした人は（5人）
⑵ ぼくらのくみの男のかず（32人）
⑶ 女は（35人）
⑷ みんなで（67人）
⑸ くみのかばんかけにかばんが（50）
⑹ きょうしつのてんじょうのすじ（13本）
⑺ はしら（20本）
⑻ ガラス（150まい）
　（東井の言葉）桑原の数える算数、それはただ、極めて単純に、数えるだけではあったが、私はそこに算数の芽を見た。桑原は、教室の中の数のみならず、登校下校の時に出会う人を男女に分けて数えてみたり、大人と子どもにわけて数えたり、教科書の紙数を数えたりしながら、目を見開いてみると、自分のまわりに、実にいろいろな数があることに、驚きと、興味を感じていく①らしかった。
　前掲のしらべの後には、私は、つぎのように、私のことばを書き添えた。目だまのくんしょう②だ。ぼくらのきょうしつの中にでも、いろいろな数がたくさんあるんだね。せんせいがまだ1どもかぞえてみたことのない数も③、たくさん見つけているね。こんどは、かぞえるだけではなく、はかってみるさんすうもやってみるといいな④（同、50〜51頁）。

　ここで一区切りして、筆者の解釈を記しておく。この算数の「しらべノート」は東井特有の学習法。当時東井は、［ひとりしらべ→みんなでわけあい・みがきあい→ひとり学習］というサイクルで、日々の授業を展開している。算数の「ひとりしらべノート」は、このサイクルの「ひとりしらべ」つ

まり、予習部分。これだけの予習を子どもが毎日してくる。それに東井は丁寧に目を通し、67人一人ひとりに赤ペンを書きそえるという形で（後述するような）「指導」を入れていく。そして「みんなでのわけあい・みがきあい」の授業本番で、教師も含めた皆での対話的な学習を組織し、その後子どもは家に帰って「ひとり学習」をする、という学びのサイクル。

　これは、今日大学生が講義を受ける際に、フォーマルには2時間の予習と2時間の復習を課されている形と同じ。東井の子どもたちは、このような学習——これはもう「学修」なのだが——に小学2年生ですでに主体的に取り組んでいることが分かる。

　この場面で言えば、下線①で、桑原が「自分のまわりに、実にいろいろな数があることに、驚きと、興味を感じていく」ことに気づいた＝算数の芽を発見した東井は、下線②で、「目だまのくんしょう」と「ねうちづけ」る。さらに下線③で、「せんせいがまだ1どもかぞえてみたことのない数も、たくさん見つけている」とほめ上げ、下線④で、「かぞえるだけではなく、はかってみるさんすうもやってみるといいな」⇒「実測してみよう」という「指さし」する指導を入れる。ここまでが、子どもの予習に対する東井の「（子どもがまだ気づいていないものへの）ねうちづけ」と「指さし」による評価と指導。

　東井の指導は、教師から問われて「正答」を答えるという「結果に対する評価」ではない。思考結果としてアウトプットされたものだけに対する評価ではなく、結果に至る「芽」の段階でそのプロセスを「ねうちづけ（て）」いるのが、特徴。

　東井の文に戻ろう。

　「はかってみる」ということは、ありのままの世界にはたらきかけていくことである。私は、算数の勉強をおし進めていく桑原の主体性を、こういうところからゆり動かしていきたいと考えて、こんな風（＝先のよう）に呼びかけてみたわけだ。

　桑原は、ほんとうにそうだ、というような顔をしながら、いろいろなものをはかりはじめた。つくえの長さ、はしらの高さ、こくばんの長さ、ろうかの長さ、道の横はば……というように。これも単に長さをはかる

だけであったが、桑原は、それで充分満足しているらしかった（同、51頁）。

「はかってみる」ことは、「ありのままの世界に働きかけていくこと」を目ざした国定教科書『カズノホン』やその前の「緑表紙」の編纂趣旨と同じ——1940年の国民学校令で算数は、理数科（算数・理科）となるが、理数科の教育目標は「緑表紙」と変わらない。そうすることが、「子どもの主体性をゆり動かしていくことになる」と東井も考えていたことが分かる。桑原が測った対象は、ここでも国定教科書の枠（例示されているもの）を超えていることを確認しておきたい。東井の子どもたちの学ぶ意欲の旺盛さが、見て取れるからである。

　　（そのうち、次のような調べが現れてきた。）
　5月13日にぼくのとまとの高さをはかったとき19センチメートルありました。それが、きょう（25日）にはかってみると26センチメートルになっていました。7センチメートルものびているので、ぼくはほめてやりました。
　　ここには、単に長さをはかるだけではなく、長さのうつりかわりをしらべる。継続観察の芽が出てきている。
　　えらい、えらい、まえにはかったのと、きょうはかったのをくらべてみたんだね。桑原くんは、くらべるさんすうをはつめいしたぞ。1つのものが、どんなにかわっていくか、はじめとくらべてかんがえるというべんきょう、桑原くんはいいべんきょうをはつめいしたね。
　　私は、こう私のことばを書きつけ、しらべる算数の発展をもくろんだ（同、51～52頁）。

桑原のノートからは、「ぼくのとまと（だから測ってみたくなった。そしたら）伸びていたのでほめてやった」と彼の温かい気持ちが記されている。算数の学習をしながら、自分のトマトの成長をわがことのように喜んでいる姿が目に浮かぶ。さらにこの部分を、東井は、単に長さを測るだけではなく、長さの移り変わりを調べる、継続観察の芽を見い出してほめている。この点も、数は動くという関数的関係と継続観察（＝比べる）という統計につなが

る見方への着目も、国定教科書の編纂趣旨と同じ。それを、（君は）「くらべるさんすうを<u>はつめいしたぞ</u>」と「ねうちづけ」て「指さし」する東井の巧みさが、ここでも確認できる。

先生にほめられ、「しらべる算数」を「指さし」された桑原は、調べることに得意になり、次のような「しらべ」を提出する。

ともだちのとし（歳）のしらべ			日高くん	8	1つ下
（い）ぼくのともだちのとしをしらべました。			せっちゃん	10	1つ上
ぼく	9		ただ子さん	11	2つ上
きよちゃん	14	ぼくより5つ上	えっちゃん	8	1つ下
ただくん	12	ぼくより3つ上	春子さん	8	1つ下
ひでみちゃん	9	ぼくとおなじ	ゆみちゃん	5	4つ下

（ろ）としをみてわかったこと

きよちゃんが1ばん大きいです。そのつぎはただくん。3ばんめは小林さん、つぎは日高せっちゃん、そのつぎがぼくです。ぼくは5ばんめです。けれども、ぼくより下の人がまだ4人あります。1ばんちいさいのはゆみちゃんです。

このほか、「六月のこよみしらべ」「ぼくの家のもののたんじょう日しらべ」「ぼくのもちもののねだん」等々⇒［これらは、教科書にも出てくる］、なかなかおもしろいしらべがあらわれはじめた。数にとり組む桑原の態度にも積極性が出て来た。

なお、桑原の算数の特徴は、いろいろな数を、あんがいうまくひょうにつくっていって、それについて考えていく、という形をとることがあった。前掲の例なども、<u>おのずから、「表」の形になろうとしている</u>と思うが、「表」をつくるというしごとの中には、実にいろいろのはたらきがふくまれているようだ。数を表にあらわすためには、まず、<u>個々の事物や数の性質を観察して</u>、それを、夫々に分類する能力をも必要とする。私はそれを思うと、ここに桑原の<u>算数の大事な一つの芽</u>がある、と考えた。そこで、「ひょうをつくる算数」を見つけ出した功労者としての桑原を通して、「<u>表づくり</u>」の意欲を育てると共に、<u>他の子どもたちにも紹介した</u>

（同、52〜53頁）。

　筆者の説明を記しておく。桑原の「ともだちのとしのしらべ」に対する東井の解釈は、塩野らの望む方向と同じ。と同時に、筆者は、東井のこのような解釈は、（前章で）「従来の師範教育の程度では無理だ」と言った小倉金之助の講演を思い出す。ここからも、東井の授業構想力の高さがうかがわれよう。この事例は、下線部からも分かるように、教師の方から先に言い出さなくても、教師の教えたいことへの契機を子どもの方から出してくれるという事件^{ドラマ}が実際に起こるのだ、という事実を筆者に教えてくれる。桑原の「表つくりの算数」はさらに深化し、『カズノホン　四』のかけ算九九（2年生の最後）の頃になると、次のようなノートを持ってくる。

　　　9のだんの九九のおぼえかた
　　9のだんは、8のだんまでの1ばんおしまいがあつめてあります。2×9＝18だから、それをとってきて9×2＝18とし、3×9＝27をとってきて、9×3＝27、……1ばんおしまいをおぼえていたら、すぐおぼえられます。……⇒［これは、ab＝baという「交換の法則」を、彼が自力で発見したという事実を意味する。］
　　はかってみたらこのひょう（下図）のようになりました。1ばんたくさんのは、ぼくの家から学校までです。
　　144ぽあります。そのはんぶんのところは72ほです。それはどうしてかといいますと、はじめ144ほの44ほだけをどけて100のはんぶんは50

なんぽ（歩——引用者）あるかのしらべ

どこからどこまで	なんぽあるか	と中（途中）のまん中へん
ぼくの家—じんむ（神武）山	51ぽ	25ほはん
ぼくの家—学校	144ぽ	72ほ
たたみ1じょう	1ぽはん	はんぽと30センチ
ラジオのあるへやのまわり	10ぽ	5ほ

になります。こんどは 44 ほをだしてきて、4 をどけといてかんがえると 40 の半分は 20 になります。つぎに 4 をだしてきてかんがえると、4 のはんぶんは 2 になります。それで、はんぶんばかりをみんなよせますと 50 と 20 で 70、70 と 2 で 72 になります。

　学校のつぎにたくさんなのは、じんむ山までです。じんむ山までは 51 ぽです。そのはんぶんをどうしてしらべたかといいますと、50 のはんぶんは 25 ですが、25 をみつけるのに、1 ばんはじめ、50 から 10 をどけておいて 40 にし、40 のはんぶんをかんがえると 20 になります。その 20 に、さっき、どけておいた 10 のはんぶんをよせると 25 になります。そうやってかんがえました。1 ぽのはんぶんははんぽですから、51 ぽのはんぶんは、25 ほはんになります。そのほかのはすこしだから、はんぶんをみつけるのはたやすかったです。

　まだ除法の算法をしらない桑原は、こうして、じぶんのたくましい「生活の論理」で、除法の算法にまで、くらいついていった。しかも、学級のこういうふんい気が、他の子どもたちの生活の論理をもゆり動かし、岩本成明などは、次のような算数も、やるようになった。

　　クレパスのねだん
　きょう、クレパスをかいにいきました。かったら、早くかいてみたくなりました。それで、いそいでかえりました。
　かえる道で、ふと、1 本のクレパスはなんえんだろう、とおもいました。1 ぽん 1 えんなら、12 本では 12 えんにならんならんので、こんどは 2 えんかとおもいました。2 えんなら 24 えんになるからちがいます。そんなら 3 えんかとおもいました。3 えんなら、36 えんになってしまいます。ぼくは 2 えん 50 せんせんかもしれませんとおもって、かんがえました。
　1 本が 2 えん 50 せんとすると、24 えんと 6 えんですよね。ぼくのクレパスは 31 えんだから、まだ 1 えんあまります。ぼくはこまりました。それで、1 えんは　はこだいとかんがえました。（同、55 ～ 57 頁）

これで、引用を打ち切る。この「表つくりの算数」がどれだけ優れている

か、教科書『カズノホン　四』（13頁）の問題と比較してみよう。[2]

教科書と比べて

　教科書の書き出し。教科書では、「勇サン、正男サン、太郎サンノ　三人ハ、学校ノ　モン　カラ　入口マデ、　ナンポ　デ　イケルカ　ハカッテミマシタ」という書き出し。その次は、「ソノ　次ニ、　入口カラ　自分タチノケウシツマデヲ　ハカリマシタ、……」となっている。——この問題は、『尋常小学算術第二学年児童用　上』（緑表紙）の問題と全く同じ。したがって、当時文部省側が、これを如何に教えるかと考えたいたかについては、高木（1936）『尋常小学算術書活用と補充』（賢文館）の「第二節　門から教室まで」を見れば明らかになる、という仮説が成り立つ。高木の同書によると、

　　本節の如き問題の距離は、巻尺で測って米〈メートル〉単位で表すのが普通である。それに至る過程として歩数に依る測定をさせることが最も自然な順序と云える。故に指導者は運動場等に適当な距離を予め選んで、初に児童に歩数によってその距離を測らせ、実地について指導せねばならぬ。……ここでは、歩数で距離を測り、其の結果の考察から二位数に二位数を加減して一位から繰上がる場合、および繰下がりを要する計算を指導する。……実際には、門から入口までと入口から教室までの2問で実測せよと指導する（同、179〜182頁参照）。

　高木の指導法と、桑原の「表つくりの算数」を比べてみれば、そのスケールの違いは一目瞭然。教科書は、2位数の加減計算としての章であるが、桑原はそれをはるかに超えて、かけ算九九（『カズノホン　四』＝2年生最後）から「半分」や割り算の出し方まで「生活の論理」で発見している。この桑原の頑張りが学級全体にも大きな影響を及ぼし、岩本の「クレパスのねだん」を出現させた、と東井は述べている。なぜ「クレパスのねだん」のような質の高い綴方が小学2年生の子どもに可能になったのか、ここにその秘密があった、と筆者は今考え直している。

　もう1つ、急いで付け加えておき言ことがある。高木は、ここでは「歩数で距離を測り、其の結果の考察から二位数に二位数を加減して一位から繰上

がる場合、および繰下がりを要する計算を指導する。」と記している。そして、文部省（1941）『カズノホン四　教師用』17頁を見ると、以下のように記されている。

　　門から入口まで、入口から教室までの歩数のみならず、運動場、畠、付近の道路、神社等、日常児童の接するもので目に付きやすいものの距離を記憶させておくことも、距離の観念の養成上大切である。但し、実際に測った結果についても、本項と同様な計算の問題を作らうとすると、現在取り扱い得る計算の範囲を超えやすいから、実際に測らせる仕事は、単に記録をとるだけにとどめるがよい（下線──引用者）。

　引用文下線を見てほしい。この下線は、先の高木の「二位数に二位数を加減して一位から繰上がる場合、および繰下がりを要する計算を指導する」に相当する。子ども達に、自由に測定させると、ここでの「二位数の加減」という範囲を超える3位数の加減が出てくるから、これは子どもにとって難しくなりすぎるから、という教える側からの「親切な」歯止めだ。だが、東井の場合、桑原は、家から学校まで何歩あるかと測って、「144ぽ」の半分「72ほ」を見事に算出している。この桑原、そしてクレパス1本の値段を出す際に余った1円を箱代と考えた岩本の構想力、それらを引き出した教師東井の授業構想力の質の高さにも、筆者は惹かれる。

　最後に、筆者の感想を記しておく。「クレパスのねだん」については、以前に分析・紹介したことがある。その時筆者は、この「クレパスのねだん」と桑原の「なんぽあるかのしらべ」を結びつけて考えていなかった。だから、まだ除法を習っていない岩本が「クレパスのねだん」を調べたすばらしさ──東井の「生活の論理」──とその鋭いセンスを最大限評価する記述をした（拙著『東井義雄の授業づくり　生活綴方的教育方法とESD』、59〜60頁）。
　しかし、今ここで、桑原の「なんぽあるかのしらべ」の後で、つまり、本番の授業で東井が「みんなでのわけあい・みがきあい」を組織した後で、岩本のクレパスが出てきたという時系列を見落としていたことに気づいた。筆者は、授業実践史研究を意図しながら、時系列を見逃すというミスを犯して

いた。

　「なんぽあるかのしらべ」と「クレパスのねだん」とは、「桑原たちの算数」という節の下に一まとまりのものとして、東井は記述している。この節で「桑原たち」という場合の「たち」を、筆者は「複数を表す接尾語」と普通に解してしまうミスも犯していたことになる。

　別言すれば、筆者は「なんぽあるかのしらべ」も「クレパスのねだん」も単体としては、すでに前から知っていた。今回、『カズノホン』を東井はいかに扱ったかという視点から読み直してみて、「クレパスのねだん」で余った1円を箱代と考えた岩本はもちろん素晴らしいが、1本が2円50銭であることを突き止めた（そのための解法の）部分は、「なんぽあるかのしらべ」の延長線上で考えてみると、それほどのすばらしさ（＝難しさ）ではなかったのではないか、と考え直さざるを得なくなったからである。

「わけあい・磨きあい学習」の効果

　桑原の「なんぽあるかのしらべ」をめぐっての本番授業で、東井は「表つくり」の、そして除法もまだ習っていないのに「半分をはじき出した」名人として、彼を「ねうちづけ」た。その授業を一緒に受けていた岩本も、それじゃ自分もほめてもらえるような「ねうち」のある算数をということで、ちょうど以前に習った「もののねだん調べ」を基にして、「クレパスのねだん」調べをやったのではないか、という仮説である。それが、東井が「桑原らの算数」と節題をつけた「ら」の意味だったのではないかという新たな発見である。つまり、この「ら」は、東井の授業を特色づけている「みんなでのわけあい・みがきあい」の効果の表れを意味している。

　確かに、除法をまだ習っていない桑原が、144歩と51歩の半分を出すことには相当苦労しただろうと考えられる。だが、彼は「そのほかのはすこしだから、はんぶんをみつけるのはたやすかった」と言っている。岩本の「クレパスのねだん」に出てくる数は、桑原が言うこの「すこし」程度の数だ。とすれば、半分を出すことに関しては、両者の間にはそんなに深い溝はなかったのではないか、という仮説である。岩本にクレパス1本の値段を計算してみようと思い立たせた要因は、その前の「なんぽあるかのしらべ」での「みんなでのわけあい・みがきあい」という東井独特の授業法にあったのではな

いか。そこで岩本が、「それじゃ、ぼくもやってやるぞ」と奮い立ったのではないか、という仮説の方が事実に近かったのではないか、と今は思っている。これが、「桑原ら」の「ら」を筆者が解釈し直した結論である。

　もう一度、先の引用文の下線分を見てほしい。東井は、「しかも、学級のこういうふんい気が、他の子どもたちの生活の論理をもゆり動かし、岩本成明などは、つぎのような算数も、やるようになった。」と記している。結局筆者は、この部分＝「みんなでのわけあい・みがきあい」の本番授業が持つ意義をも軽視していたことになる。1人の子どもの進歩が、学級「相互学習」で学級全体に「僕も向上しよう」「私も飛躍しよう」という空気をかもし出すことに意義を見出していた前章清水甚吾の「発表会」という「相互学習」などにも通底することは、言うまでもない。まだまだ未熟な詰めの甘さに、自省の念を付記して本節を閉じたい。

余談：クレパスの値段

　筆者は、12色のクレパスセットが31円という記述に長年引っかかっていた。算数のこの綴方を岩本が実際に1941年に書いたとすれば、値段が合わないからだ。当時（1940年）の物価は、そば・うどん1杯が15銭、旧制中学卒の初任給が42円。そんな状況下、児童用文具のクレパスが31円ということはあり得ない。しかもそれだけの金を子どもが手に持って、1人で買いに行くなどということは、さらに不可能であろう。本書の原稿を書いている時、1940（昭和15）年の物価統計を観ていて、12色の学童用クレヨンの値段は31銭、と確認できた。クレパスとクレヨンの値段が等価であるとすれば、この綴方でクレパスの値段を31円と書いたのは、東井であることが分かる。

　だが、これで筆者のこだわりが全て消えたわけではない。つまり、割り算未習の岩本が1本2円50銭であることを突き止めた。が、まだ余る1円に困ってしまう⇒この1円は箱代しかない、というひらめきにまで彼を至らしめたこのエネルギーは一体どこから出て来たのか、という根本的な疑問が、依然として残るからである。まだ未習の割り算に関する「教科の論理」を、たくましい「生活の論理」でわが物にし、あれだけ見事に使いこなすためには、岩本に対してこの自作の問題を絶対に解いてみたい、と切羽詰まらせるだけの力＝衝動感が、働かなければならないはずだ。しかもこのような状況

を一番よく識っているのが、東井。

　とするなら、東井が31銭を31円に変えてこの岩本のドラマを構想した時期は、実際の1941年ではなく、クレヨンやクレパスの値段が30円に近い時代ではなかったか、という仮説が成り立つのではないか。つまり、東井にとってもこの30円に違和感がない時、というわけだ。もし、この仮説が許されるなら、それは戦後の1947〜8年である。

　もう1つ、「老人の楽書き」的に冒険することを許してもらうなら、東井は、知らず知らずのうちに戦争に加担してしまったことを深く自省して、戦後『村を育てる学力』を書くまでの間は、一切原稿依頼を断っていたという定説にも疑問符が付くことになる。確かに、中央の雑誌は断っていたかもしれない。しかし、この間、地方の（ガリ版刷の）小冊子などには細々とではあるが、東井は時々書いていたことを筆者は、東井義雄記念館の調査で確認している。書きたい、という想いは終戦直後からも引き続き強かったのではないか、と筆者は推測している。小川や岩本らの学級を担任したあの豊岡尋常高等小学校（国民学校）での生き生きとした実践——彼は校長に1年生の担任になりたいと何度も申し込んでいたが、かなえられず、同校最後の年にやっと2年生の担任になれた——をいつか日本の教師大衆と分かち合いたいという想いの灯は、消えていなかったのではないか。それで、1947〜8年頃にこの部分の草稿を書き留めたが、悶々としながら『村を育てる学力』（1957）を脱稿する以降まで、公表を控え続けたのではなかったか、というのがより真実に近かったのではないか。だが、これは戦後の問題になるので、この余談は、「老人の楽書き」として放念願いたい。

第2節●峰地光重の郷土教育

国定教科書への不満

　峰地光重（1890〜1968）は、国定教科書で縛られる教育への不満をはっきりと表明し、自己の教育実践を貫き通した生活綴方教師。峰地は、「池袋児童の村小学校」で教えている時に著わした『新教育と国定教科書』（聚芳閣、

1925）で次のように述べている。

　子供は何時、どんな要求を起こすかわからない。而もその要求を敏感
に見とつて指導するのが教育の要諦である。
　事実尋１から地理や歴史や理科などの学習の要求が盛んにある……と
ころが……文部省が定める課程案をそのままの形で考えると……理科は４
年でなければ教えられぬ……地理歴史は５年でなければ教えられぬよう
になっている……しかしさう窮屈に考えて、児童の内的要求を無視して
までも、外部のノルムを当嵌めなくてもよいであろう。例えば尋５の課
程案に掲げられてあることを尋３の子供が要求した場合にはそれを教へ
たからとて何も弊害はあるまい。それを教へないことこそ却って弊害で
はあるまいか。伸びて行くのは生の力である。それを抑えることは、生
活欲求を殺すことである。生活欲求を殺して何処に自学自習があるか。
一方自学自習を奨励しながら、課程案にこだわってその生活要求を殺し
ているものゝ如何に多きことよ（同、14〜15頁）。

　このように、峰地は、国定教科書・ノルム（＝規範）にこだわることに反
対している。ここに、子どもの「なぜ? そのわけを知りたい」という要求に
あわせて臨機応変にカリキュラムを構想しようとする峰地の原点を見ること
ができる。そして国定教科にのみこだわることは、逆に国定教科書を殺すこ
とになる、とさえ考えていた。この点をもう一度彼に聴いてみよう。

　国定教科書のみの狭い世界に子供を蟄居させておくことは、環境貧弱
の弊に陥って、其の全生活に何らの精彩もなく、深みもなくなってしま
ふからである。従ってその閉じ込められた狭隘な生活では、真に教科書
の理解なども出来ないことになる。
　それで真に国定教科書を生かさうとするためには、その国定教科書の
みによって努力精進することだけでは足らない。その全生活をあげて深
化拡充することが最も国定教科書を生かす重要な道である。
　そのためには子供の環境を豊富にし、生活の全面に亘つての深化をは
かることに力を用ひなければならない（同、102頁）。

以上２つの引用から、峰地の授業観、カリキュラム観は、綴方にかぎらず、どの教科においても、子どもの全生活をあげて環境整備を深化拡充できるようなカリキュラム開発をしていくことであった。このようなカリキュラム観から見ると、国定教科書の教材は以下のような２つの欠陥を持っている、と指摘する。

　　1.　教材の形式の完備を期するために、教材がその生命を失っている。
　　2.　教科書が児童中心になりきっていない（同、200 ～ 201 頁参照）。

　だから、教師は、国定教科書のみにしがみつくのではなく、国定教科書の欠陥を自ら進んで埋めていくよう努力する使命を実行する実践主体にならなければならない、というのが峰地の教育哲学、と筆者は考えている。

　同書を精査していて、思いがけない発見があった。それは、峰地が、東京青山会館でダルトンプランの提唱者、パーカーストの講演を聞いた時（池袋児童の村小学校に勤めていた時──引用者）、彼女の教育観、子ども観に疑問を持った点である。

パーカーストへの不満
　直接、峰地に聴いてみよう。

　（パーカーストが挟んだエピソード）私は或る日生徒に次のような答案をかゝせて見た。「もし皆さんが、大きくなって子供をもったとき、ダルトンプランの学校にその子どもを入れますかどうか。」──その答には、次のようなものがあった。
　「慥かにおくります。何故なれば、この組織の学校では、厭なこと、難しいことを先にすると云ふよい習慣がつけられるから……」と──女史はこの挿話に熱を含んで話された。これについて私は疑問をもったのだった。その厭なことを生徒が先にやるのは強ひられてやるのではあるまいか。もしそうだとするとダルトン案が主張してゐる個性尊重の標語とは矛盾するのではあるまいか。しかし厭な仕事に生徒自身が本当に生きてゐるのであるならば問題はないわけであるが、しかしこの際私は何故に生徒

が勇敢に「私は好きなことが先に出来ると云ふよい習慣がつけられるから」と云わなかったかを疑うのである（同、98頁）。

なぜ生徒は、勇敢に「私は好きなことが先にできるというよい習慣がつけられる」と言えないのか。この疑問こそ、峰地の本音だったのではなかろうか。学びの場で、正直に本音が言える子ども（＝生活綴方的教育方法のエートス）を育てようとする彼からすれば、当然の疑問である。この点を補足説明することも兼ねて、彼が、「池袋児童の村小学校」に移る前にどのような実践をしていたか、少し触れておきたい。

第3節◉高麗小学校での実践

「はらっぱ教室」の原型

20歳で鳥取師範を卒業した峰地は、28歳で、大山の麓、西伯郡高麗尋常高等小学校の訓導兼校長になる。当時の高麗村（1955年、大山町に合併――筆者）は、戸数418戸、その内農業320戸、漁業125戸、工業21戸、商業38戸（兼業を含む）で、人口2284人の小さな村。高麗小は、当時学級数7、教員は彼も含めて7人という小さな学校。ここでの教育実践をまとめたのが、彼の処女作『文化中心綴方新教授法』（教育研究会、1922）である。同書から、実践例を3つ挙げておこう。

1.　土臭が児童の生活相の濃厚なる色彩であり児童は児童たることが唯一な職業であるということが認められるならば、児童には何よりも先ず土臭ある文学を与えて、その生活を深刻に成し遂げさせなければならないのである。（そのために）1週1コマの読方の時間に峰地編『生命の読みもの』を与えている。そこで、「（養蜂ではない野生の）蜂蜜の蜜とり」「目白とり」「鼠狩り」などの自然と遊ぶ（人類発展の原始、狩猟時代に相当）話を出している（50〜51頁）。
2.　（子どもを校外へ連れ出し）路傍で皆が腰を下ろして休んだ。こゝは風

もなく温かい日光の光がぽかぽかと照り渡っている。道べりのすぐ下は水田であった。温まった褐色な軟土の上に、うっすらときれいな水が流れ渡っている。その軟土の中で何か動くものがある。おや蛙かしら？　と思って見ていると、それが次第々々に頭を出して来る。今土の中の眠りから覚めた鰌なのである。軟らかいへな土の上を、尾を振って跳ねると、ぬるぬるとその腹がすべって前の方へ進んでいく。「どうするかしら？」と見ていると、鰌はあちらこちら這り廻っていたが、やがて又温かい土の中が気持のいゝのか、静かにもぐりはじめた。すっかりもぐり込んでしまうと、土の中にじっとして動かない。午後の日はぽかぽかと照っている—3月20日（同、70～71頁）。

3.　（場所は大山裾野）私は明るい光線の一ぱい降り注ぐ野の草の上に児童を連れだす……草原の上に腰を下ろす……空は青く澄み渡って、ところどころに白い巻雲の出ているのも見られた。この大空の下、開かれたる教場で、児童とゝもに、こうした気持ちいゝ春の気分にひたり入るのであった。

教師「皆さん！　春が次第々々に動きだしてきたね……あの高麗山をごらんなさい。しかしまだちゞこまった冬の姿は容易にぬがないが、大分雪も少なくなったね……あのなだらかな山の描く一線も本当にいゝね……おや……静かにしてごらんなさい。何か鳴いているぞ。……雲雀ではないか！」

児童「雲雀です」「雲雀です」

教師「雲雀がもう鳴くのかね……もう一度聞いてごらん。静かに……」

児童「やっぱり雲雀です」

児童「確かに雲雀です」

児童「あそこにいます」

みんなの視線がなごみ渡った青い空を注視する。一生の指した一点に注視する。雲雀は黒い点を打ったように、空の真ん中で鳴いている。

教師「おゝ、雲雀が鳴いているね。もう雲雀が鳴くようになったのかね……今日は2月23日……去年は2月28日に初めて雲雀の声を私は聞いた。今年は5日早く聞いたわけだね」

児童「先生私は昨日も鳴いているのをきゝました。」

教師「この中で昨日初めて聞いた人は何人いますかね」

児童「ハイ」「ハイ」

教師「123……6人ある。ではそれよりも前に聞いた人はありますか？
　　　ありませんか。ではこの辺では昨日のが初雲雀だね……」

　　　　……〈中　　略〉……

児童「たんぽぽも咲きましょうね」

教師「もうすぐだろう。おや鐘がなっている。では、今日はこれでし
　　　まいましょう。」（同、206〜208頁）

　少し、筆者の解説をつけておこう。

　1．について。「土臭」については、峰地は、「土臭（エルトゲリュシュ）の文学」とルビを
振っている。エルトゲリュシュ（Erdgeruch＝土の香）というドイツ語。さ
らに、彼は、「土臭（エルトゲリュシュ）の文学」とした上で、これを「子供達は子供となるこ
とが唯一の仕事である。つまり児童としての現実生活を深刻に成し遂げて行
くところに、彼らの生命があるのである。随って、児童の教育は児童を真
の児童たらしむるためにあるので、決して児童を大人化せしむることではな
い」と説明している。

　その延長線上で、「教師は児童の素朴的生活（原始時代──引用者）の伴侶
であり資料の提供者でなくてはならない。これが余が土臭文学の読本『生命
の読本』を編んで児童に提供する所以」と記している。[3] なお、この土臭文
学の説明の前に、「私は国定小学読本に対して、つねにあきたらぬ感をもっ
ているものであります。それはその選ばれた教材が、児童の魂、児童の生命
に即して居ないと思われる点が可なり多くあるからであります。」と不満を
述べている。30歳前後の彼が『生命の読本』を編んだ理由を説明している
ことにも、注目したい。国定教科書読本に不満があるからと、自分で『生命
の読本』を編み出すスタンスは、もうこれだけで彼が読本という狭い枠内で
ではあれ、教育内容＝カリキュラムを自主編成する研究的実践主体になって
いる、と判断できるからである。

　2．について。峰地は、子どもを校外に連れ出し、ポカポカと照り渡る日
光の下、路傍に腰を下ろして『生命の読本』を読んでやる場面。ここで彼は、
子どもに読み聞かせながら、自然観察の仕方、つまり、季節の変わり目＝予

兆への目のつけどころとその表現法を例示している。子どもを校外へ連れ出しても、「軟土の中で何か動くものがある。おや蛙かしら？　と思って見ている」という観察眼を教師が持っていなかったら、子どもに季節変化の様を発見していく機会を与えることはできない。季節変化を見抜くとは、完全に春になってから、春が来たというのでは遅い。晩冬の中に春の兆し、つまり早春の兆しを発見することである、という原理を実地に子どもに気づかせようとしている峰地の姿が見えてくる。

　冬の間、泥に潜っていた鯰が目覚めて泥中から顔を出す、つまり、今頃が啓蟄なのだということを峰地が識っていたがゆえに、組むことができた校外学習＝「青空の下での教場」というカリキュラム。この種のカリキュラムを組むことができる前提として、鯰の生態、啓蟄、軟土、へな土などから苗床を準備するために田んぼには水が張られ始めているという状況を見越している峰地の農業に関する素養にも、注目しておく必要がある。

　3．について。ここでも、校長兼務の峰地は、子どもを校外に連れ出して、「土臭」の校外学習を実践するという即興のカリキュラムを自主編成している。農家の次男として生れた彼は、大山の麓に育ち、土や石をこよなく愛するようになる。小学校卒業後は、倉吉にある県立農学校（＝現県立倉吉農業高等学校）へ進学したかったが、父に「師範学校へ行け」と言われ、教職の道に入った。峰地は生来、「土臭」、農業という生業が好きだったことが分かる。

　そんな彼が、出勤途上で空を見上げれば、澄み切った青空、高麗山の残雪もだいぶ少なくなってきた⇒狭い教室での「書物学校」を止めて、早春の爽やかさを子どもに感じさてやろう。今日はきっと雲雀も鳴くに違いない、その「雲雀の初鳴き」を実測・実感させてやろう。それは今日しかない、という咄嗟のカリキュラム＝土臭教育が頭に浮かんだのではないか。ここにも、ささやかではあるが、校長である彼に許された（自由裁量の）カリキュラム編成権の行使、という仮説が成り立つのではないか。

綴方授業研究会

　では、峰地は高麗小で実際にどのような綴方授業をしていたのか。格好の資料を、筆者は米子図書館で発掘した。それは、郡視学、（鳥取）師範附属

訓導、村長などが参観している前で行われたある子どもの綴方「別れ」の相互批評の授業である。この研究会の模様は、『因伯教育』（1922年3月号）に「西伯郡教育会主催綴方授業研究会」と題して掲載されている。この研究会の主役は、「県下小学校に於いても最も熱心なる研究家として造詣深き」峰地という紹介で記事が始まっている。早速引用してみよう。

「（1918～1922年間、第一次世界大戦の連合国によるシベリア出兵のおじさんを——引用者）家族みんなで水車のところまで送って行った。もうここで別れましょうといって、だれもが涙を流して泣いた。」という結びの文に対して、「こんな時には、うれしく勇ましく」するものだから、涙をこぼしましたと書くことはいけない」この部分は「勇ましく活動写真のように出かけていきなさいました」と書いた方がよい、という意見が出された。これに対して、峰地は、授業の最後で「これについて私の考えを述べさせていたゞきます。悲しかったことを、そのまゝ描いたのですから、それで文を綴るときの態度からいって大変よかったと思います。実際悲しかったのに、うれしかったように書いたら、この文は死んでしまいます。もっと悲しかったらもっと悲しいと書いてもよいのです。」とまとめている（同、45～54頁参照）。

　郡視学や村長が観ている前で、出征兵士を見送る者が「悲しかったら悲しいと書けばよい」と公言するところは、峰地の面目躍如と言えよう。授業後の研究会の冒頭で、参観者に謝意を述べた後、彼は自分の授業観を次のように述べている。

　私は教授に対して、常にこういう考えを持っているのであります。それは教授には、その人の個性が生きて働かねばならないということです。教授と個性とが密着していなければならないということです。私はあの教授法書の書物の上で、定められている教授の一般的形式から抜けだして、独一な方法を、自分で作り出したいと思うのであります。……（私がこれまで参観した教授は）どうも一般に生気がないように感じます。それは教授が教授法のための教授となり、いつとはなしに類型的なものになって、

教授に個性が生かされていないからだと思います（同、45〜54頁参照）。

　ここからも、教授法書で類型化された授業法に従うのではなく、それから抜け出して眼前の子どもに即した自分独自の授業法をつくり出したいという若き峰地の実践主体としての意気込みが見て取れる。その彼だからこそ、「悲しい時には堂々と悲しいと涙すればよい。綴方にそう書けばよい」と指導することができたのではないか、と筆者は判断している。

第4節◉「土臭教育」の実践

上灘小の郷土教育

　峰地は、憧れて上京した「池袋児童の村小学校」での勤務を2年弱で切り上げ、1927（昭和2）年1月、東伯郡上灘尋常高等小学校（現倉吉市立上灘小学校）の訓導兼校長になる。家族との約束もあったらしいが、やはり「土臭」をこよなく愛する彼には、プチブルの子どもを相手にした「箱庭」のような「ままごと」的自然教育に耐えられなかった、というのが本音ではなかったか、と筆者は推測している。

　峰地が本当にやりたかったことは、島根県の『国・語・人』（1933年7月創刊）同人佐々井秀緒が言っているように、「あるがままの自然と、あるがままの子どもを対象とする教育、土着の教育」であった（佐々井秀緒・峰地利平、1984『綴方作文の先覚　峰地光重』あゆみ出版、94頁）。

　峰地が着任した上灘小学校は、

　　1　水田　　　　　38アール
　　2　果樹園　　　　10アール
　　3　圃場（畑）　　10アール
　　4　花卉園　　　　 5アール
　　5　学校園　　　　0.7アール
　　　計　　　　約64アール弱

そのほか、「大温室（4.4坪）、養魚池（10坪）、糞蓄舎、堆肥舎、農具舎など、

小学校の設備としては上乗のもの」で、これは「市街地附近農家の理想的な経営規模を実現したもの」と彼自身が記している（峰地光重1959『私の歩んだ生活綴方の道』明治図書、97頁参照）。この田畑や果樹園に、コメ、麦、20世紀梨、メロン、ジャガイモ、トマト、ナスなどを栽培し、実際に市場にも出す。高等小学校に農業補習科が併設され、倉吉農会の事務所が校内に置かれ、峰地自身は町農会の相談役、農業を専門に教える教員2人は主任技術員を兼ねるという願ってもない（彼自身が驚くほどの）環境がつくり上げられた。これだけの田畑だけで、もう立派な「本百姓」だ。峰地には、「池袋児童の村小学校」の自然教育が「箱庭」「ままごと」と映ったのもうなずけよう。

　上灘小の郷土教育を特色づけるために、峰地が採った方法は、以下のごとくである。

　　我々はよき料理人が、同一材料を用いながら、而も十分に人々の味覚を捉えるやうに、よき教授者となって、その材料を十全に生かす教材料理人とならなければならなぬ。
　　では、教授に特殊性をもたすためには、いかなる方法があるか、教材を郷土化し、或いは郷土的に取扱ふことであると思う。我々は次の如き公式によって取扱っている。
　　（1）原理←――一般化←――郷土
　　（2）原理―→教材―→地方化―→郷土
　　⑴は即ち郷土から生まれた教材を其のまゝ児童に提示する方法であり、⑵は与へられたる特殊性を生かす方法である。そのために、我々は……「各科の郷土教授書」をもたねばならない。我が校では、昭和6年既に「各科の郷土教授書」を編纂し、日常教授に使用している（上灘尋常高等小学校1932「上灘小学校の教育」『峰地光重著作集　9』けやき書房、1981、15頁）。

このように峰地は、郷土教育を実践するために、「各科の郷土教授書」を独自に編纂して日々の授業で使っている。ここにも、［授業方法の改善⇒授業内容の開発］のベクトルが見えてくる。そしてさらに、［内容の開発⤋教育目標の改革（各科の郷土教授書自主編纂）］までの線も、かすかにではあるがうかがえる。内容⇒目標の改革までもが「かすかに」ではあるがうかが

える、と筆者が判断したのは、峰地の次のような綴方が念頭にあったからだ。

　　　春の雪

尋6

　4月7日、朝起きてみると、雪がたくさん降ってゐた。お父さんは会社に行きがけに「雪が降っているから長靴をはいていけ」と云われた。私の長靴は、きびし（す）の所が破れてゐるから、はいていくまいと思ったが、友達はみんな長ぐつなので、私もはいた。

　学校に行きがけの友達と、ゆふべのことを話した。風がきつかったし、神鳴（カミナリ）はなるし恐ろしかったなど、話して行くうちに、いつか冷たいのも忘れてゐた。いつの間にか学校に来ていた。1年生のマントや傘をかけてやった。私のもかけた。マントについてゐる雪は遠慮なく手にまぶれつく。雪が綿のやうに軟らかく手につくのである。冷たいのを我慢してやっとかけた。1年生は泣きそうな声をして話してゐた。

　教室に入ってみると、男子が来てゐた。さうじの鐘がなってさうじの時間になった。午前中雪は降りつづいた。やはらかい牡丹雪が降ってゐる。講堂の屋根を見ると、もう十センチメートル位は積ってゐる。もう1週間もすれば竹吹公園の桜は花ざかりになるといふのに、こんな雪である。桜の蕾が雪をかぶってふるえてゐるだらう。

鳥取気象表　（抄録）	
境測候所	
1月5日	最モ遅イ初雪
	（昭和5年）
6日	気温底極氷点9度7
	（明治37年）
……	
2月23日	最モ早イ終雪
	（明治36年）
3月4日	平年終積雪日
22日	平年終雪日
3月28日	最モ遅イ終雪日
28日	最モ遅イ終積雪
	（大正15年）
4月1日	平年終霜日
3日	最モ早キ終霜
	（明治22年）
22日	平年終霜日
……	

学校では、一たんしまった火鉢を出された。

　5校時になった。6年生は綴方である。校長先生が入って来られた。みると校長先生は新聞と、何やら紙の折つたもの（前頁の図表）を持って来られた。先生はすぐ話にかゝられた。

　この4月になってからの雪は、45年間のレコードだと云われた。45年間に4月になってから雪の降ったことはない。45年間に一ばんおそく降ったのは大正15年3月28日だったそうである。……先生の話では、飛騨地方には、雪が5寸位も降ったといふことである。6年生が、先生に雪の降ったわけを聞くと、低気圧と高気圧がしょうとつして降ったのだと云われた。低気圧は北海道に出来、高気圧は上海に出来た。高気圧は暖かいし、低気圧は冷たいので、2つがしょうとつすると、こごつて雪になるさうです。　……

　しかし8日の昼前から雪が止んで、ふいに春らしくなった。白い雪の上に青い空が見え初めると、雲雀があちでも、こちでも鳴きだしてゐた。
（昭和6年4月8日）　（傍線——引用者、峰地光重、1933『子供の郷土研究と綴方』厚生閣書店、『峰地光重著作集　11』けやき書房、49〜51参照）

　引用した綴方には、桜が咲き始める4月に雪が降り積もった、とある。倉吉地方では、45年ぶりの記録。子どもたちも、驚いている。峰地は、今日の綴方でこの機会を利用しなければ、と境測候所（現境特別地域気象観測所）の「鳥取県気象表」を（事前に）取り寄せその抄録（何やら紙の折ったもの）と新聞を教室に持ち込み、直ぐ授業を始める＝まことに計画的で、機敏な授業構想、と筆者は考えている。

　微細なものだが、これも即興のカリキュラム開発。ここからも、峰地が「生活学習」という言葉に「あらゆる機会にあらゆる事物について学ぶという精神を込めて調べる綴方」に取り組んだ姿がうかがえる。即興ではあるが、事前に境測候所の抄録を用意し、新聞から飛騨地方でも、予想外の「寒の戻り」であったことを知ることができるという事実を子どもに気づかせる。これは、峰地が若い頃、鰍の目覚めや雲雀の初鳴きに気づくことができるような自然観察眼を磨こうとした姿勢に通底している。

　だから子どもの方から、雪の降ったわけが知りたいという要求も生まれて

くる。すかさず、峰地は、（しめしめと思いながら）北の冷たい低気圧と南の温かい高気圧がぶつかって、積乱雲（昨夜の雷鳴）が急速に発達し、春先に日本海側で発生するいわゆる「爆弾低気圧」が発生したわけを説明する。小さいものであるけれども、[内容の開発が教育目標の改革]にまでつながっていく「かすかな」兆し、と言えるのではなかろうか。ここにも、上灘小独自の[教育方法の改善⇒教育内容の改善・開発⟹教育目標の改革]を具現した実践主体を確認することができる。

郷土研究の特設週間

もう少し、郷土科の中身に突っ込んでみよう。上灘小では、子どもに「郷土研究」をなしどけさせるために、各学期に1回「自由研究週間」が設けられている。2〜3日間、時間割を撤廃して郷土研究のみに没頭する時間に充てる、という大がかりなもの。

　先ず、研究週間に入るまでに、子供達は自分で研究課題を定め、研究のプランを立てる。そのプランは実に種々様々であるが、教師は一々点検して、プランの完備に向かって協力する。プランに朱筆を入れて、注意を与えたり、或いは口頭で指示したりする。かくしてプランが出来上がって初めて研究に入るのである。一方、適当なるプランの立たない子供に対しては、教師の方で課題を準備して置いて、それによって研究をすゝめるやうにしてゐる。
　研究週間に入ると、子供達は、各々自分の研究の焦点に向かって凝集する。或るものは、自分の家を丹念に調査する。或るものは、古老を訪問して其の談話を筆記する。或るものは、校下の雑草を採取する。教師は出来るだけ、子供達の実地研究に接近して、その研究に協力するのである（峰地光重、1932「郷土教育と実践的綴方」『峰地光重著作集9』けやき書房、114〜115頁）。

峰地は、年間で計6〜9日間にわたって、教科の授業をすべて撤廃し「郷土科」の核である「自由研究週間」の時間にあてる。ここでも、彼は、校長裁量で時間割＝カリキュラム編成権を行使している。こうして校長がつくり

出してくれた時間を、子どもたちは「自由研究」の時間として主体的に活用し、自分がやりたい研究に没頭できる、という事実。また、このような子どもの実地研究に教師が接近し、協力していくという状況が生み出されている、という事実。その他、夏休みなどにも、強制ではないが、子どもに自分の研究テーマを深化させる努力、たとえば倉吉名物の竹細工を作り市場に出す仕事、に取り組んでいる。

　戦前は、国定教科書の下での画一化された教育。教師は実践主体になることはなく、子どもも学びの主体にはなれなかったという暗くて冷たい学校生活、という通説を破る事実が——ささやかではあるが——ここでも確認できる。

　上灘小での教育は、生活綴方を中軸にした郷土教育、生産教育、つまり生活教育であった。峰地は、「（上灘の）生産教育は根本的には生活教育、そのものである」と記す。彼が実践した郷土教育は、別言すれば、「郷土社会の科学的認識を目標」とする教育だった。具体例で説明しよう（峰地光重「教育の実際的傾向とその立場」佐々井ら編、1933『国・語・人』7月創刊号、4〜5頁参照）。

　教科書には、「日の出る方が東、日の入る方が西」と書いてある。子どもがこれを暗記して東西の方位がわかったとする旧式教育から脱却することが、彼の目標であった。太陽の出没は季節によって異なる。この点をあいまいにしたまま、「太陽の出る方が東」的認識では、いつまでたっても真の科学的認識には至らない。子どもが住んでいる郷土を科学的に認識するとは、この場合、学校のある地点に立って、磁石を立て、その地点から「あの山のあの松の木が真東である」ということを確定する作業を子どもにやらせて（doing）、初めて真の方位の観念が植えつけられる。こうして、教師は「実際的立場から、一つの指導原理をつかまなければならない。この指導原理は人間（教師）の構成力によって把握される。この延長線上で（子どもは）「学校での東を、自分の家での東に構成する」ことができる。

　つまり、こういう仕方（＝doing）を介して収得された「東」という概念が、子どもが家へ帰って自分の家での「東」はこれだと確定できる学校での収得活動である（デューイのlearning by doing）。下校した子どもが、学校で習ったことはいつでもどこでもそうなのだろうかと、自宅で「東」を確定する行

為は、峰地の言葉を借りれば、「最早これは単なる実際ではなく、最も情意的な、理知的な理論を内蔵した生きた行動そのもの」と、言える。峰地はここで「収得」と記しているが、この学びはもう「修得」と言ってもいい、と筆者は解釈している。

前章で触れた塩野編纂の緑表紙教科書で、清水が子どもを運動場に連れ出して、磁石をもとに正しい方位を確認していく学習法の先取りであることも分かろう。

ここまで見てくれば、峰地が目指していた教育がいかなるものであったのか、もう明らかであろう。「今の教育は20坪の教室に、児童を閉じ込めて、口先の教授法をこれこととし一挙手一頭側、子供を器械にすることに専念している。……（しかし、我校の）郷土教育は教科書の教育ではない。況てや口先の教育ではない。郷土の土の上に実地に足を下ろさねばできない教育である。所謂為すことによって学ぶ教育」である、と峰地は主張している。

社会的事実を観る

これが、峰地の郷土教育。このように、彼の「郷土教育は現実社会の生活教育」であった。生活綴方に結びつけて言えば、「頭で作った過去の綴方を清算して、足で書く綴方を主張しなければならない」というスタンス（峰地光重1932『郷土教育と実践的綴方』郷土社、99頁）。このスタンスは、峰地の言葉で言えば、「直下に社会的事実を観ること」である。「正確に社会的事実を見ることによってやがて正しき社会批判の眼は養われる」からである。

　　綴方はかゝる仕事を子供に適確に成し遂げさせるために、最もいい教科だと思ふ。何故ならば、児童はその日常生活に於いて、あらゆる<u>社会的事実を観察</u>してゐる。それを<u>正直に表現</u>し、<u>正直に批判する</u>ことを綴方では自由に許している（下線──引用者、同、70〜71頁）。

「社会的事実を観察し……それを正直に表現し、正直に批判する」力を子どもにつけるのが生活綴方教育、つまり、子どもを学びの主体にすることが、峰地の本音だった、と思われる。この仕事を子どもの「好奇本能」と結びつけて、彼は以下のように説明する。

「これは何？」「あれは何？」「どうして？」の質問に対して、正しい答え
をあたへ、正しき研究の方法を指示して、科学的真理の探究への営為は、
精神的糧に対する食欲を正しく育てる上に必要な作業であらねばならぬ。
而も郷土には無数にその精神的糧としての素材が存在しているのである。
　　しかるに、これまでの教育では、稍もすればその子供達の精神的渇求
に充たすべく、あまりに用意が不行届きではなかったか。この用意不行
届きから、時に疑問は湧いても、疑問は疑問として過ごされてしまった
のではなからうか。そしてやがてはその疑問さえも起こさないやうに子
供が訓練されてしまったのではないか。疑問を起こさないといふことは、
全てのものを鵜呑みにすることである。不合理なものをも黙認して受入
れることである。正当な判断を失ふことである。これは恐ろしいことで
ある（下線——引用者、同、241頁）。

下線部から明らかなように、子どもが疑問をも起こさないように訓練され
て、全てのものを鵜呑みにし、不合理なものをも黙認して受け入れ、正当な
判断を失ってしまうことに対して、峰地は強い危機感を持っていたことが分
かる。子どもが、目にするものに疑問を持ち、納得いくまで探求し続ける学
びの主体になる。子どもが、不合理なものは受け入れず、正しい判断を失わ
ない学習主体になることを求め続けたのが実践主体峰地光重、というのが筆
者の結論。
　峰地の場合、「調べる」ということは、「綴方を書くための方法としていわ
れただけではなかった。もっと積極的に、生活そのものを突き動かしていく
力を、文を書くという行動の中から引き出し、発見しようとするものであっ
た。むしろその方に力点がおかれていた。ものごとを調べて書く、という実
践活動を通して、子どもと教師は一緒になって、自分達の生活意識（自我の
意識といってもいいだろう）と、生活技術を、与えられた環境の中から掘りあ
てようとしたのであった。」だから、上灘小では、子どもたちと教師たちと
の協働作業による郷土室の整備、20世紀梨を栽培し郷土の竹細工などを作っ
て売るということも、この延長線上にあった。上灘小の生活教育、郷土教育
は、すぐに全国から注目を浴びるようになり、多い時には年に3000人以上

の参観者があった（佐々井秀緒・峰地利平1984『作文綴方の先覚　峰地光重』あ
ゆみ出版、100頁）。そして鳥取師範から教育実習生が送られるようにもなる。
この教育実践に、東京帝大教育学教室の若き研究者細谷俊夫（1909 〜 2005）
が目をつけたのもうなずける。

峰地への弾圧

　しかし、こうして上灘小が全国から注目を受ければ受けるほど——とりわ
け社会的事実を観察し、正直に表現し、正直に批判する力を育成する方針は、
軍国主義に走ろうとする時の権力にとっては目障りになる。1936（昭和11）
年4月、彼は何の予告もなしに東伯郡東郷尋常高等小学校への転任を命ぜら
れ、上灘小の後任校長は、着任早々20世紀梨を全部切り倒してしまう。
　峰地に対する圧力は、筆者が ［教育方法の改善⇒教育内容の改善⇒教育
目標の改革］ と記した点線の⇒が権力の側からははっきりとした実線の⇒
に見えてきたため、強化される。彼が東郷小を自主退職して中国東北部へ行
くために松江にビザを取りに行った帰りの列車で治安維持法違反として特高
に検挙さる。1ヶ月収監後、『郷土教育と実践的綴方』（郷土社、1931）の冒
頭で、「存在が意識を決定する」という唯物論を唱え、生活綴方教師村山俊
太郎と交流があったといういわゆる「生活綴方事件」（でっち上げ）の廉で教
員免許をはく奪される。
　この残酷な事件は、峰地光重ら多くの生活綴方教師たちが、国定教科書に
反対し、教育目標までをも改革しようとしていた意思への傍証になる、と筆
者は重く受け止めている。

　後日談：峰地が留置1ヶ月、起訴猶予で保釈された裏には、県の地方課事
務官らの検察への働きかけがあった。そして、検事も、特高も保釈後彼が中
国へ渡ることを認めてくれたが、丁度ゾルゲ事件が発表されたこと（1941年
秋）に関連してか、どこからか「峰地はスパイであったげな」というデマま
で飛び出し、憲兵隊から横やりが入り彼の中国行はつぶされてしまう。1947
年「教員適格審査」が通り、名誉回復されるが、県内のどこからも峰地にも
う一度学校現場へ戻ってほしいという依頼はなかった。
　最後に手を差し伸べたのが、かつての生活綴方の仲間である岐阜県の野村

芳兵衛（1896 ～ 1986）、川口半平（1897 ～ 1990）であった。彼らの計らいで、岐阜県多治見市にある廿原分校の教員として1952年から最後の4ヵ年の「堪能期」（彼自身の言葉）を送ることなる。その成果は、同じく生活綴方仲間であった今井誉次郎（1906 ～ 1977）の後押しで『はらっぱ教室』（百合出版、1955）として出版され、分校退職に際しては、岐阜県から教育功労賞を授与される（この時の県教育長が川口半平）。

〈本章は、新たな書下ろし〉

註

1) 『東井義雄著作集3』（明治図書、1972）所収の「桑原たちの算数」は、寒川道夫らとの共著『教師の仕事3』（明治図書、1957）の「子どもを伸ばす生活綴方」が初出。

2) 文部省（1936）『尋常小学算術　第二学年児童用　上』の37頁に「学校ノモンカラ入口マデナンポデイケルカハカッテミマシタ」「入口カラジブンタチノキョウシツマデヲハカリマシタ」と歩幅で測る測定の問題が2問出てくる。文部省（1941）『カズノホン　四　教師用』の17 ～ 18頁にも同様の2問が出てくる。『カズノホン　四』と『尋常小学算術　第二学年児童用　上』の両方とも、「歩測」は、2位数と2位数の加減に慣れることが主である。この点は、算数教育の研究的実践者であった奈良女高師附小訓導池内房吉が、1936（昭和11）年に出版した『小学算術指導書』尋2上（明治図書）で「歩測の指導は、其の要領に主点を置いて指導し、計算の材料を得ることに捉はれない。随って、歩測させる距離は三〇歩以内で十分である。」として、4時間扱い。最後の4次限目にテニスコートの横、縦のアウトライン、バスケットコートの横、縦のラインを足測する例をあげた詳しい指導例が記されている（同、299 ～ 314頁）。さらに、池内（1942）『国民学校私の理数科算数の研究授業』（晃文社）で、「歩測」に関する非常に具体的な指導案例でも例示されている（126 ～ 138頁参照）。つまり、加算の結果が3桁にならないように予め先回りして「配慮」すること、と注意を促している。この注意を忠実に守る教師の下からは、桑原のような「なんぼあるかしらべ」で3桁の歩数は生まれてこないことに、筆者は着目したい。ちなみに、高木佐加枝（1941）『国民学校低学年の算数指導』（教育科学社）の「歩測」の説明（147頁)を見ても、高木（1936）『尋常小学算術書活用と補充』（賢文館）の「第二節　門から教室まで」の説明以上のことは何ら書かれていない。

3) 峰地光重（1922）『文化中心綴方新教授法』教育研究会、12頁。

［著者略歴］
豊田ひさき（とよだ・ひさき）
1944 年三重県に生まれる。広島大学大学院教育学研究科修士
課程修了。教育学博士。大阪市立大学大学院文学研究科教授、
名古屋大学大学院教育発達科学研究科教授、中部大学現代教
育学部初代学部長等を経て、現在朝日大学教職課程センター
教授。専門は、教育方法学、カリキュラム論、授業実践史。
（主要著書）『学力と学習集団の理論』（明治図書、1980 年）、
『明治期発問論の研究』（ミネルヴァ書房、1988 年）、『学習集
団の授業づくり』（日本書籍、1994 年）、『小学校教育の誕生』（近
代文芸社、1999 年）、『集団思考の授業づくりと発問力・理論
編』（明治図書、2007 年）、『校長の品格』（黎明書房、2009 年）、
『生活綴方教師　宮崎典男の授業づくり』（一莖社、2011 年）、
『はらっぱ教室　峰地光重の生活綴方』（風媒社、2014 年）、『東
井義雄の授業づくり　生活綴方的教育方法と ESD』（風媒社、
2016 年）、『東井義雄　子どものつまずきは教師のつまずき』
（風媒社、2018 年）等多数。

装幀・澤口　環

「学びあいの授業」実践史 ―大正・昭和前期の遺産―

2020 年 7 月 30 日　第 1 刷発行
　　　　　　（定価はカバーに表示してあります）

著　者　豊田 ひさき

発行者　山口　章

発行所　名古屋市中区大須 1 丁目 16-29
　　　　振替 00880-5-5616 電話 052-218-7808　風媒社
　　　　http://www.fubaisha.com/

乱丁本・落丁本はお取り替えいたします。　＊印刷・製本／モリモト印刷
ISBN978-4-8331-0964-2